¿DEBEN LOS CRISTIANOS BEBER VINO Y ALCOHOL?

Ben David Sinclair

REINA-VALERA
1960

Publicado por Los Ministerios de Andando en la PALABRA
Walking in the WORD Ministries
www.walkingintheworldministries.net

ANDANDO
EN
LA PALABRA

Impreso en los Estados Unidos.

ISBN del Libro: 978-1947430327
ISBN del Kindle: 978-1947430334

ÍNDICE

INTRODUCCIÓN

La versión Reina Valera 1960 menciona la palabra "vino" no menos de doscientas veces. El vino se discute, o se menciona no menos de cuarenta y seis de los sesenta y seis libros de la Biblia. Claramente, el vino es un tema bíblico generalizado. Es bien sabido que personajes bíblicos famosos como Noé, David y los discípulos bebieron lo que la Biblia llama "vino." También es bien sabido que los líderes famosos de la iglesia de hoy disfrutan el vino o la cerveza. Este folleto explicará y definirá el término bíblico "vino" y luego responderá a la pregunta del título: "¿Deben los Cristianos Beber Vino y Alcohol?"

LA CONTROVERSIA QUE RODEA AL VINO

El consumo de vino ha sido un tema controversial entre los cristianos durante generaciones. Algunos creen que los cristianos nunca deben beber vino. Muchos de estos cristianos creen que beber una bebida alcohólica es un pecado. Practican la abstinencia total del consumo de alcohol. En el otro extremo del espectro se pueden encontrar algunos cristianos que creen que la abstinencia total del alcohol es pecaminosa.[1]

La posición más común que mantienen los cristianos profesos hoy en día en el mundo entero se encuentra entre las dos posiciones extremas de que "beber alcohol es pecado" y que "la abstinencia es pecado." Este término medio se llama "beber con moderación". La mayoría de los feligreses con los que he hablado mantienen la opinión que los cristianos pueden beber vino con moderación. La regla común para muchos cristianos es "bebe, pero no te emborraches." En realidad, la controversia que rodea al vino tiene solo dos posiciones discutibles: Los cristianos nunca deben tomar bebidas alcohólicas (abstinencia) o pueden tomarlas, pero deben controlar o limitar su consumo para prevenir la embriaguez (moderación).

---

[1] En su libro, *The Radical Reformission* (Grand Rapids, MI: Zondervan, 2004), Mark Driscoll incluye un capítulo titulado "El pecado de la Cerveza Ligera" (139), en el que argumenta que los cristianos deberían beber cerveza fuerte en lugar de cerveza ligera. Él continúa testificando que su posición inicial de abstinencia total fue un "pecado" (146). La posición de Driscoll de que la abstinencia total es "pecado" se basa en la opinión y la mala lógica. No puede ser apoyado bíblicamente.

La Biblia es muy clara que **la embriaguez es pecado.** La Biblia ordena específicamente en Efesios 5:18, "No os embriaguéis con vino" (ver también Gálatas 5:21 y 1 Corintios 5:11).[2] En 1 Corintios 6:10 se afirma claramente que los borrachos no heredarán el reino de Dios. Abstinencia y moderación son las dos posiciones en desacuerdo hoy en día en la controversia moderna que rodea al vino. No estoy interesado en las opiniones de los líderes ni denominaciones de la iglesia ni en lo que predicaron los reformadores de los siglos pasados ni lo que predican los predicadores famosos de hoy en día. Quiero saber lo que la Biblia tiene que decir sobre este tema. **La Palabra de Dios es la autoridad para los discípulos de Cristo – no las palabras del hombre, ni las tradiciones, ni las opiniones de los hombres.**

---

[2] Incluso Mark Driscoll, quien afirma que sus primeros 30 años de abstinencia total fueron "pecado," enseña que la embriaguez es pecado.

CAPÍTULO 1

DOS PREGUNTAS ESENCIALES SOBRE EL VINO

El concepto del vino trae diferentes cosas a la mente para diferentes personas. Hoy en día el vino se refiere a "una bebida alcohólica hecha de jugo de uva fermentado."[3] Sin embargo, esta definición solo se ha asignado al vino en los tiempos recientes. La Biblia no se escribió en el siglo XXI, y la versión en español RV se publicó en el siglo XVII. Por lo tanto, la primera pregunta esencial en un estudio de esta controversia es "¿Qué es el vino?"

¿Qué es el Vino?

Hace cuatrocientos años, la palabra *vino* tenía un significado más general que en el día de hoy. El primer diccionario de inglés conocido que incluye una definición de la palabra *vino* se publicó en 1658 (justo al tiempo que la RV fue publicada).[4] Fue llamado "El

---

[3] Google, "wine," Google Dictionary, accedido el 22 de agosto, 2017, https://www.google.com/search?q=wine+definition&oq=wine+definition&aqs=chrome..69i57j0l5.3632j0j7&sourceid=chrome&ie=UTF-8.
[4] John Simpson, "The First Dictionaries of English," Oxford English Dictionary, accedido el 22 de august, 2017,

Nuevo Mundo de las Palabras en Inglés" y fue compilado por Edward Philips. Philips definió la palabra *vino* como "un licor hecho con jugo de uvas u otras frutas."[5] Una vez más, esta definición revela otra palabra que ha evolucionado para significar algo completamente diferente al día de hoy. La palabra es *licor* que se refiere a una "bebida alcohólica, especialmente bebidas alcohólicas destiladas."[6] Sin embargo, en los siglos XVII y XVIII, la palabra licor se definió como "cualquier cosa que sea líquido; bebida, jugo, etc." (Éxodo 22:29). En su libro, *La Biblia y Sus Vinos*, Charles Wesley Ewing cita cuatro diccionarios publicados en el siglo XVIII.[7] Todos estos diccionarios definen el vino genéricamente como **el jugo o líquido extraído de una uva u otra fruta.**[8] Del mismo modo, en la Biblia, la palabra traducida *vino* no se refería exclusivamente al vino alcohólico, sino más bien al líquido o jugo de uvas.

Antes del siglo XX, la única forma en que uno podía determinar si las palabras vino y licor eran alcohólicas o no alcohólicas era por el contexto. El contexto de una palabra se refiere al ajuste,

---

http://public.oed.com/aspects-of-english/english-in-time/the-first-dictionaries-of-english/.

[5] Edward Philips, "The New World of English Words," Internet Archive, accedido el 22 de august, 2017, https://archive.org/stream/The_ New_World_of_English_Words_Or_A_General_Dictionary#page/n707/mode/2up/search/wine.

[6] Google, "liquor," Google Dictionary, accedido el 22 de agosto, 2017, https://www.google.com/search?q=liquor+definition&oq=liquor+definition&aqs=chrome.0.69i59j0l5.4590j0j7&sourceid=chrome&ie=UTF-8.

[7] Los cuatro diccionarios citados son Nathan Bailey's *New Universal English Dictionary of Words, and of Arts and Sciences* (1730), John Kersey's *Dictionarium Anglo-Brittannica, or A General English Dictionary* (1708), B. N. Defoe's *A Complete English Dictionary* (1735), y Benjamin Martin's *"Lingua Brittanica Reformata, or A New English Dictionary* (1748).

[8] Charles Wesley Ewing, *The Bible and Its Wines* (Indiana: National Prohibition Foundation, 1985), 1-2.

circunstancias, palabras o ideas que rodean a esa palabra y que aclaran su significado. De hecho, cuando Thomas Welch produjo por primera vez su ahora famoso jugo de uva Welch, la etiqueta de 1869 anunciaba audazmente: "El Vino Sin Fermentar del Dr. Welch."[9] El contexto de la palabra vino en la Biblia es igual de vital. **Solo el contexto puede determinar si el vino es fermentado o no fermentado.**

¿Hay Diferentes Tipos de Vino en la Biblia?

La segunda pregunta esencial que debe responderse en este estudio bíblico es "¿Hay diferentes tipos de vino en la Biblia?" Hay dos posiciones o respuestas populares a esta pregunta. Se les llama la posición de un vino y la posición de dos vinos. Casi todos los que creen que es aceptable beber con moderación afirman la teoría de un vino. La teoría de un vino enseña que, sin excepción, cada vez que la palabra *vino* se lee en la Biblia, se refiere al vino alcohólico de un grado u otro.[10] La conclusión lógica de esta teoría lleva a sus partidarios a enseñar que Dios pidió vino alcohólico como ofrenda de Su pueblo en el Antiguo Testamento, que Jesús hizo vino alcohólico en la boda en Caná de Galilea, que ofreció

---

[9] Welch's, "Our History," Welchs.com, accedido el 22 de agosto, 2017, http://www.welchs.com/about-us/our-story/our-history.

[10] D. F. Watson, "Wine," en *Dictionary of Jesus and the Gospels: A Compendium of Contemporary Biblical Scholarship*, ed. Joel B. Green and Scot McKnight (Downers Grove, IL: InterVarsity Press, 1992), 870. Irónicamente, la segunda edición de este diccionario (2013) establece que "se utilizaron tres tipos de vino elaborado a partir de uvas . . . (1) vino fermentado . . . (2) vino nuevo . . . hecho de zumos de uva no fermentados . . . y (3) vino en el que se había detenido el proceso de fermentación al hervir el jugo de uva sin fermentar" (página 993).

vino a sus discípulos en la ultima cena, y que el apóstol Pablo le ordenó a Timoteo que bebiera alcohol por causa de su estómago.

La posición de dos vinos sostiene que tal vez haya varios tipos de vino en la Biblia, pero que de estos tipos potenciales de vino existen básicamente solo dos categorías distintas: vino alcohólico y vino no alcohólico. Los partidarios de uno y de dos vinos utilizan evidencia de cuatro argumentos claves. Ambos, los bebedores moderados de alcohol y los abstemios utilizan evidencias históricas, gramaticales, teológicas y médicas.[11] Los siguientes puntos evaluarán la evidencia.

Evidencia Historica

Los argumentos históricos a favor de la posición de un solo vino comienzan frecuentemente con la afirmación de que la mayoría de los cristianos en la historia de la iglesia practicaban el consumo moderado de alcohol, y que el movimiento de la templanza fue básicamente una innovación moderna. Este argumento es completamente irrelevante. Como se dijo anteriormente, las enseñanzas y opiniones de los hombres y sus actividades no significan nada a la luz de la evidencia bíblica. El título de este estudio no pregunta qué hace o han hecho la mayoría de las personas. Este estudio bíblico quiere responder a la pregunta: "¿Deben los cristianos beber vino y alcohol?"

---

[11] Las primeras tres de estas consideraciones fueron extraídas de la introducción del libro de Randy Jaeggli, *Christians and Alcohol: A Scriptural Case for Abstinence* (Greenville, SC: Bob Jones University Press, 2014). "Teetotalers" es un término usado para describir a las personas que nunca beben alcohol.

Esta pregunta solo puede ser decidida por la verdad bíblica, no por consenso histórico.

El argumento histórico a favor de la posición de un solo vino continúa diciendo que todo el vino en la Biblia era alcohólico porque los antiguos no tenían forma de preservar el jugo no alcohólico en su clima caluroso del Medio Oriente. Este argumento es común, pero completamente falso.

La fermentación es un proceso que se produce cuando los microorganismos, como las levaduras o las bacterias, transforman los azúcares que se encuentran dentro de las uvas o el mosto en etanol, también llamado alcohol.[12] El alcohol es el subproducto o desecho tóxico del microorganismo después de consumir los azúcares en el jugo de uva.[13] Si a las bacterias se les puede negar el acceso a los azúcares en el jugo de uva, entonces se evitará la fermentación.

La pasteurización (el calentamiento de alimentos y bebidas hasta que se destruyen todas las bacterias) es el método más común para prevenir la fermentación hoy en día, y es el método exacto que Welch utilizó en 1869 para crear el "Vino Sin Fermentar del Dr. Welch." Lo que la mayoría de los proponentes de la

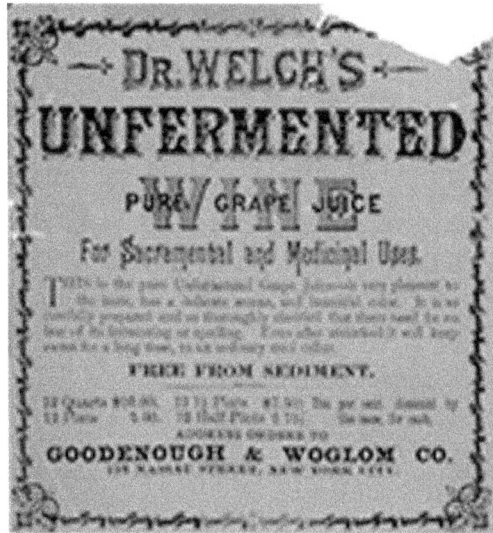

---

[12] El mosto es jugo de uva sin fermentar o jugo de uva destinado a la fermentación.

[13] Beber el desperdicio de microorganismos no suena saludable ni apetecible para este escritor.

teoría del vino único ignoran, o no saben, es que los antiguos también tenían medios para prevenir o retrasar la fermentación, así como para preservar el vino sin alcohol o el jugo de uva durante varios años.

Al menos cuatro medios fueron usados en los tiempos bíblicos para preservar el jugo de uva sin alcohol. Uno de los medios fue **la filtración** (Isaías 25:6). "Por filtración, el gluten o la levadura se separan del jugo de la uva. Mientras que el jugo pasará a través de los implementos de filtración, el gluten no lo hará y, al separarse, se destruirán las condiciones necesarias de fermentación."[14]

La fumigación fue un segundo medio usado por algunos en los tiempos bíblicos. La fumigación se logró con los humos de azufre o agregando una pequeña cantidad de azufre (que se encuentra naturalmente en los huevos) al mosto.[15]

El almacenamiento en frío era un tercer método popular. Si el envase y el jugo se prepararan y sellaran correctamente, el vino no fermentado se podría mantener "dulce" en botellas bajo una "manantial" o "estanque" fresco durante más de un año.[16]

La obra más antigua que se conserva de la prosa latina es un manual agrícola escrito por el senador romano llamado Cato el Viejo. Su *De Agri Cultura* fue escrita alrededor del 160 d.c. Este manual contiene un capítulo completo sobre "preparaciones y conservación

[14] Moi University Course Notes, PS 2843 "Bible-Wines," Course Hero, accedido el 22 de agosto, 2017, https://www.coursehero.com/file/p3p88f6/The-art-of-distillation-was-then-unknown-it-was-not-discovered-till-the-ninth/.

[15] Monica Reinagel, "Myths about Sulfites and Wine," Scientific American, 15 de julio, 2017, accedido el 28 de mayo, 2018, https://www.scientificamerican.com/article/myths-about-sulfites-and-wine/.

[16] Cato the Elder, *De Agri Cultura*, traducido y publicado en el Loeb Classical Library, 1934, http://penelope.uchicago.edu/Thayer/E/Roman/Texts/Cato/De_Agricultura/G*.html.

de vinos, aceitunas, lentejas, etc."[17] Este capítulo es extremadamente perspicaz para un estudio histórico de cómo los vinos dulces y sin fermentar se prepararon y conservaron en los tiempos bíblicos. Cato describe el uso de filtrar vino. Describe el uso de la cámara frigorífica para que las personas puedan disfrutar de un vino dulce durante todo el año. El vino hirviendo fue recetado o mencionado ocho veces en este capítulo y parece claro que el vino dulce no fermentado se prefirió al vino alcohólico fermentado como bebida. El vino alcohólico de época fue usado como un ingrediente para hacer "vino laxante", un "remedio para la gota" y un medicamento para "retener la orina", pero cuando se trata de preparar y conservar el jugo de uva como bebida, parece que "el vino dulce" era el favorito en los días de Cato.[18]

La inspección, a través de la ebullición, fue un cuarto medio común de mantener el jugo de uva dulce y sin fermentar durante años.[19] Este método fue ampliamente utilizado en los tiempos de la Biblia y todavía se utiliza hoy en día.[20] La inspección es la forma más relevante de preservación para este estudio bíblico.[21] En las Escrituras se ven ejemplos aparentes de inspección. La respetada Mishna judía, en el Talmud, se refiere al "vino hervido,"[22] y muchos de los conocedores de vino secular de la era bíblica prefieren el vino sin fermentar más que el vino alcohólico. La

---

[17] Ibid, 126-134.

[18] Ibid.

[19] Farlex Partner Medical Dictionary, "inspissation," The Free Dictionary, accedido el 22 de agosto, 2017, http://medical-dictionary. thefreedictionary.com/inspissation.

[20] William Patton, *Bible Wines* (New York: National Temperance Society, 1874), 26-33.

[21] William Patton, *Bible Wines* (New York: National Temperance Society, 1874), 26-33.

[22] Joshua Kulp, " Terumot, Chapter Two, Mishnah Six," SHIURIM, accessed August 22, 2017, http://learn.conservativeyeshiva.org/ terumot-chapter-two-mishnah-six/.

inspección se realizó hirviendo el jugo de uva durante varias horas. Este proceso no solo destruyó todas las bacterias dentro del mosto (lo que impide la fermentación), sino que también causó que todo el etanol y casi toda el agua se evaporara, dejando una pasta de uva concentrada, o condensada. Semanas, meses o años más tarde, el agua podría mezclarse con esta miel condensada, la uva y un vino dulce y refrescante sin alcohol estaría listo para beber.[23] Este mismo proceso se usa hoy en día para hacer jarabe de arce a partir de la savia clara de los árboles de arce. Se necesita la ebullición (inspección) de cuarenta litros de savia de arce para hacer un litro de jarabe de arce.

William Patton cita a siete personalidades seculares y prominentes de la era bíblica los cuales se refirieron al *vino* que había sido sometido a una inspección por ebullición.[24] Aristóteles (384-322 a.c.) dijo: "El vino de Arcadia [una región de Grecia] era tan espeso que fue necesario rasparlo de las botellas de piel en las que estaba contenido y disolver las raspaduras en el agua." Collumella (4-70 d.c.) afirmó que era común que los griegos "hirvieran sus vinos." El gran aficionado al vino, Plinio el Mayor (23-79 d.c.), afirmó que había sido testigo de un vino condensado que tenía varios años y era "la consistencia de la miel." Horace (65-8 d.c.) declaró: "no hay vino más dulce para beber . . . era como el néctar, y se parecía más a la ambrosía que al vino; que era perfectamente inofensivo y no produciría intoxicación."[25] Finalmente,

---

[23] Homer, en su famosa *Odisea*, describe un vino conservado en frascos durante aparentemente años. Este vino era tan espeso y potente que Homero lo mezcló con veinte partes de agua antes de beberlo. Incluso después de esta reconstitución, el vino era tan fragante y delicioso que Homero lo describe como una bebida digna de los dioses.

[24] Homer (c. 1200 - 800 a.c), Democritus (c. 460-361 a.c.), Aristotle (384-322 a.c.), Virgil (70-19 a.c.), Horace (65-8 a.c.), Collumella (4-70 d.c.), and Pliny (23-79 d.c.).

[25] En la mitología griega antigua, la ambrosía era el alimento de los dioses.

uno de los poemas de Virgilio (70-19 d.c.) describe cómo el "mosto cocido" produce el vino más "delicioso" o "dulce."[26] Es importante notar que todas estas citas se remontan a la era bíblica. **Afirmar que las personas en los tiempos bíblicos no tenían los medios para conservar y preservar el vino sin alcohol no está respaldado por los hechos.** La evidencia histórica genuina prueba que el vino no alcohólico o el jugo de uva estaban disponibles y que a menudo eran preferidos por personas tanto del Antiguo como del Nuevo Testamento.

Todas las citas anteriores están tomadas de historiadores seculares, pero la Biblia también menciona algunos incidentes que creo que son ejemplos de vino concentrado, no alcohólico, al hervir. En 1 Samuel 25:18, "Abigail tomó luego doscientos panes, dos cueros de vino, cinco ovejas guisadas, cinco medidas de grano tostado, cien racimos de uvas pasas, y doscientos panes de higos secos, y lo cargó todo en asnos." Esto parece ser comida y bebida para David y doscientos hombres. ¿Por qué Abigail solo les dio dos cuero de vino? Si este vino fue fermentado, vino alcohólico líquido, como sostienen los partidarios de la teoría de un vino, este solo podría haber proporcionado bebida para una fracción de los hombres, incluso si el vino se diluyó con dos o tres partes de agua. Sin embargo, si este vino fuera la pasta de vino condensada y poderosamente concentrada descrita por los historiadores y poetas anteriores, entonces este vino dulce, no alcohólico, similar a la miel podría haberse reconstituido con veinte partes de agua y podría haber proporcionado fácilmente bebidas dulces para doscientos hombres sedientos.

---

[26] William Patton, *Bible Wines*, 41-41.

En 2 Samuel 16:1 se encuentra un segundo ejemplo bíblico que respalda la afirmación que el vino condensado y no alcohólico estaba disponible y fue utilizado por los personajes de la Biblia. David estaba huyendo de Jerusalén para evitar un enfrentamiento con Absalón. "Cuando David pasó un poco más allá de la cumbre del monte, he aquí Siba el criado de Mefi-boset, que salía a recibirle con un par de asnos enalbardados, y sobre ellos doscientos panes, cien racimos de pasas, cien panes de higos secos, y un cuero de vino." ¿Por qué Siba dio todas estas provisiones con solo una cuero de vino? Siba responde a esta pregunta en el siguiente verso. "Y dijo el rey a Siba: ¿Qué es esto? Y Siba respondió: Los asnos son para que monte la familia del rey, los panes y las pasas para que coman los criados, y el vino para que beban los que se cansen en el desierto." (2 Samuel 16:2).

Casi todo el mundo sabe que beber alcohol hace que el consumidor se sienta adormilado. El Departamento de Salud y Servicios Humanos de EE. UU. declara claramente que "el consumo de alcohol conlleva a una pérdida de coordinación, falta de juicio, reflejos disminuidos, visión distorsionada, pérdida de memoria e incluso la conciencia perdida. Esto significa que el alcohol no le permitirá hacer las cosas que usted hace." Normalmente, esto requiere coordinación y habilidad. No se puede andar en bicicleta, patinar en línea, practicar deportes o incluso caminar en línea recta."[27] Siba y David no eran tontos. Sabían que el vino alcohólico no energizaría a "los que se cansen." Una de las primeras cosas que los expertos recomiendan para alguien que está consciente pero

---

[27] WebMD, "The Buzz about Grape Juice," WebMD.com, accedido el 22 de agosto, 2017, http://www.webmd.com/food-recipes/features/buzz-about-grape-juice#1.

que se siente mareado es el "jugo de fruta."[28] En lugar de vino alcohólico, una conclusión razonable es que el vino de Siba era una cuero conservada de ese vino espeso, sin alcohol. David podría haber mezclado el vino con agua en el camino (2 Samuel 17:21), y podría haber refrescado y energizado a decenas de personas que se sentían desmayadas durante el arduo viaje.

La evidencia histórica es abrumadora. Había al menos cuatro métodos de preservar el vino sin alcohol utilizado en los tiempos bíblicos. Los historiadores seculares y los ejemplos bíblicos están disponibles para cualquiera que no esté atado a nociones preconcebidas de un solo vino. La evidencia histórica apoya la posición de dos vinos. Según la evidencia histórica, había vinos alcohólicos y no alcohólicos en la Biblia.

Evidencia Gramática

Este folleto ya ha afirmado que, antes del siglo XX, la palabra vino se refería simplemente al jugo de la uva. La palabra hebrea *yayin* en el Antiguo

---

[28]WebMD, "Fainting Treatment," Webmd.com, accedido el 22 de agosto, 2017, http://www.webmd.com/first-aid/fainting-treatment.

Testamento (141 apariciones) y la palabra griega *oínos* en el Nuevo Testamento (33 apariciones) son las palabras más comúnmente traducidas para el vino en la Biblia. Ferrar Fenton fue un maestro lingüista y erudito del siglo pasado. Se dice que conoció veinticinco idiomas y tradujo toda la Biblia de los idiomas originales al inglés. Escribió,

> "Vino. . . [refiriéndose tanto a *yayin* como a *oínos*] no se limitó a un licor intoxicante hecho de frutas mediante la fermentación alcohólica de sus jugos expresados, sino que se refirió con mayor frecuencia a un jarabe espeso, no intoxicante, conservado o mermelada, producido por ebullición, para hacerlos almacenables como artículos de comida, exactamente como lo hacemos en la actualidad. La única diferencia es que los almacenamos en frascos, botellas o latas de metal, mientras que los Antiguos los colocaron en botellas de piel, como describen Aristóteles y Plinio, y otros escritores clásicos sobre asuntos agrícolas y domésticos. En consecuencia, la afirmación de algunos de mis corresponsales de que los griegos *oínos*, siempre significaban que el licor fermentado e intoxicante es totalmente inexacta, solo surge de la ignorancia o el prejuicio. . . "[29]

La Enciclopedia judía de 1906 definió el vino como "el jugo de la uva". El artículo continúa identificando al menos una docena de distintos tipos de vino en el Antiguo Testamento, tanto los vinos alcohólicos como

---

[29] Frank Hamilton, *Extracts by Frank Hamilton from The Bible Wine by the late Ferrar Fenton* (London, England: A. & C. Black, Ltd. 1938), 303-304.

los no alcohólicos.[30] *El Diccionario de la Biblia de Smith* dice: "Los vinos simples de la antigüedad eran incomparablemente menos mortales que las estupendas y ardientes bebidas de nuestras naciones occidentales. Los vinos de la antigüedad eran más como jarabe; muchos de ellos no eran intoxicantes . . ."[31]

Los críticos notarán que la mayoría de las enciclopedias y diccionarios utilizados para definir el vino en este libro son intencionalmente los más antiguos o judíos. La razón de esto es que muchos diccionarios occidentales modernos han evolucionado para reflejar las definiciones contemporáneas de palabras como vino y licor. Lamentablemente, muchos léxicos y diccionarios bíblicos modernos (de finales del siglo XX hasta el presente) también han evolucionado y han cambiado los significados originales de las palabras antiguas para reflejar palabras y opiniones modernas. ¡Esto es desafortunado **porque la definición de las palabras inspiradas de las Escrituras no evoluciona ni cambia!** Las palabras de la Escritura significaron algo hace dos o tres mil años, y significan lo mismo hoy en día. Es como si algunas personas afirman que el movimiento de templanza cristiano es un fenómeno moderno y crea su propio movimiento de contra templanza. Producen diccionarios con definiciones modernas para el vino, y luego se citan entre sí en sus libros y artículos al tiempo que hacen afirmaciones como "en todo lo que los estudios modernos están de acuerdo." Todos los proponentes de la teoría de un vino que puedo

---

[30] Emil G. Hirsch y Judah David Eisenstein, "Wine," JewishEncyclopedia.com, accedido el 22 de agosto, 2017, http://jewishencyclopedia.com/articles/14941-wine.
[31] Cannon Farrar, "Wine," in *Smith's Bible Dictionary*, ed. William Smith (Grand rapids, MI: A.J. Holman, 1884), 1116-1117.

encontrar citan los léxicos y los diccionarios que se produjeron en los últimos cincuenta o sesenta años.

La palabra *vino* se usó tanto para el vino sin alcohol como con alcohol en hebreo, griego, latín e inglés antes del siglo XX. Este es un hecho gramatical. Si en la Biblia solo se puede encontrar un caso claro de vino no alcohólico, entonces la evidencia gramatical estaría del lado de la posición de dos vinos y desacreditaría completamente la teoría de un vino. No hay una sola referencia clara de vino sin alcohol en la Biblia; hay varias en el Antiguo Testamento como en el Nuevo Testamento. Los siguientes ejemplos del Antiguo Testamento son suficientes para probar el punto.

Deuteronomio 11:14 y 2 Crónicas 31:5 hacen declaraciones similares. "Yo daré la lluvia de vuestra tierra a su tiempo, la temprana y la tardía; y recogerás tu grano, tu vino y tu aceite." "Y cuando este edicto fue divulgado, los hijos de Israel dieron muchas primicias de grano, vino, aceite, miel, y de todos los frutos de la tierra; trajeron asimismo en abundancia los diezmos de todas las cosas." En estos dos versos, el *vino* es "recogido" y es "traído" del campo. ¿Cómo pueden las uvas recién cosechadas de la viña estar fermentadas y alcohólicas? Estos son ejemplos claros de vinos que se refieren a uvas sin fermentar o vino sin fermentar (jugo de uva fresco).

Nehemías 13:15 es otro ejemplo irrefutable. "En aquellos días vi en Judá a algunos que pisaban en lagares en el día de reposo, y que acarreaban haces, y cargaban asnos con vino, y también de uvas, de higos y toda suerte de carga, y que traían a Jerusalén en día de reposo." Nehemías vio a los que quebrantaban el sábado cosechando, prensando y trayendo su jugo de uva recién prensada a Jerusalén. Las prensas se llamaban "lagares," y el jugo recién prensado se llamaba "vino," pero en ambos casos el vino solo se puede entender como vino no alcohólico, fresco, sin fermentar.

Proverbios 3:9-10 promete una bendición para aquellos que honran al Señor con su "bienes." Salomón escribe: "lagares rebosarán de mosto." Una vez más, el jugo de uva recién prensado se conoce como mosto, *vino nuevo*. Esto no puede ser vino alcohólico. Esta es otra prueba sólida de la posición de los dos vinos, y le recuerda al lector que cuando Dios se refiere al vino que es una bendición, se refiere al vino nuevo, y *no al vino alcohólico*, como afirman los partidarios del vino único (ver también Isaías 16:10).

Un verso final e indiscutible es Isaías 65:8. Jehová dice: "Como si alguno hallase mosto en un racimo, y dijese: No lo desperdicies, porque bendición hay en él; así haré yo por mis siervos, que no lo destruiré todo." Este verso llega tan lejos como para llamar líquido o jugo, aún dentro del racimo de uvas, ¡*mosto*! Además, este mosto (vino nuevo) claramente no alcohólico se asocia una vez más con la bendición de Dios.

Al igual que la evidencia histórica, la evidencia gramatical es abrumadora. Antes del siglo XX, en todos los tiempos bíblicos, la palabra *vino* se refería al líquido o jugo de la uva y podía ser vino alcohólico o no alcohólico. Se han citado varios ejemplos bíblicos de vino recién prensado, sin alcohol. La evidencia gramatical apoya definitivamente la posición de dos vinos.

Evidencia Teológica

Jehová dijo que el *mosto* que se encuentra en las uvas no debe ser destruido. ¿Por qué? "porque bendición hay en él" (Isaías 65:8). Jehová enseñó en Deuteronomio 32:33 que el vino de los enemigos de Dios es "veneno" y "ponzoña cruel." El Salmo 104:15 y los Jueces 9:13 enseñan que el vino de la vid alegra el corazón de Dios y del hombre.[32] Mientras que en la misma Biblia, Proverbios 20:1 advierte que "El vino es escarnecedor, la sidra alborotadora, y cualquiera que por ellos yerra no es sabio." Algunos han tratado de argumentar que Proverbios 20:1 es solo una advertencia contra la embriaguez. Sin embargo, esta no es una interpretación precisa. De hecho, el verso no dice nada acerca de la embriaguez. La Biblia no dice que el vino se burle de las personas que se emborrachan. No dice que solo las personas que se emborrachan sean engañadas. Dice que el vino es un burlador. El vino alcohólico es intrínsecamente un burlador. El vino alcohólico *es* alborotador en su esencia. Cualquier persona que discute estas características del alcohol es engañada y poco sabia.

Estas descripciones de vino son significativas y se relacionan con la comprensión teológica de Dios Padre, Dios Hijo y Dios Espíritu Santo. ¿Cómo puede un Padre inmutable decir que el vino es una "bendición" y "alegra" Su corazón, y luego decir que el vino es "un escarnecedor," "alborotadora," "veneno" y "ponzoña?" ¿Cómo podría el Espíritu Santo decirle a Timoteo que se abstuviera del vino y luego, en la misma carta, decirle que bebiera un poco de vino? ¿Cómo podría Dios ordenar a su pueblo que no mire el vino (Proverbios 23:31), y luego alentar a su pueblo a beber y alegrar sus corazones con vino? Los partidarios de un solo vino afirman que Jesús partió el pan sin fermentar, pero pasó vino fermentado en la Pascua. O bien Dios tiene un trastorno de identidad disociativo y

---

[32] Algunos bebedores moderados han argumentado que frases como "alegra el corazón" o "que alegra a Dios y a los hombres" respaldan la idea de que solo el vino alcohólico podría alegrar el corazón de un hombre. Sin embargo, la palabra hebrea "alegra" en estos pasajes se encuentra 140 veces en el Antiguo Testamento y la gran mayoría de las veces no tiene nada que ver con el vino. Es simplemente una palabra que significa alegre o feliz y no es un eufemismo para emborracharse.

no puede decidirse por el vino, o hay al menos dos tipos de vino en la Biblia. La solución simple a la contradicción hecha por el hombre de un solo vino en la Biblia es entender que hay vinos alcohólicos y no alcohólicos en la Biblia.

El promotor de un vino, Randy Jaeggli, afirma que "hay una aparente paradoja en la forma en que se presenta la bebida en la Biblia. Las Escrituras a veces declaran que el vino es una bendición (e.d., Sal. 104:15) y otras veces lo califica de horrible maldición (e.d., Prov. 23:29-35)."[33] Esta "paradoja aparente" es solo un problema para los proponentes de un vino como Jaeggli. Los proponentes de dos vinos no ven ninguna paradoja o contradicción en absoluto. Jaeggli reconoce que "históricamente" la posición de dos vinos ha distinguido al vino bendito como jugo de uva no alcohólico y al vino maldito como alcohólico, pero afirma que esta no es su conclusión personal.

La Biblia enseña que todo lo que Dios creó "era bueno en gran manera" (Génesis 1:31). Incluso el vino, que Jesús hizo del agua, en el capítulo dos de Juan, fue descrito por el gobernante de la fiesta como "buen vino" (Juan 2:10). Sin embargo, el vino alcohólico contiene etanol. El etanol es el producto tóxico, inflamable, volátil, desecho o subproducto de microorganismos que han consumido el azúcar en el jugo de uva. El etanol puede ser "bueno" como solvente para pinturas o barnices, como combustible para un automóvil o como desinfectante para matar gérmenes, pero el etanol no es *bueno* para el consumo humano.[34] La Biblia compara el vino alcohólico con el "veneno" y la "ponzoña" (Deuteronomio 32:33). El

---

[33] Randy Jaeggli, *Christians and Alcohol: A Scriptural Case for Abstinence* (Greenville, SC: Bob Jones University Press, 2014), Ubicación de Kindle 241.
[34] ChemicalSafetyFacts.org, "Ethanol," accedido el 28 de mayo, 2018, https://www.chemicalsafetyfacts.org/ethanol/.

alcohol, el veneno y la ponzoña simplemente no son buenas bebidas para las personas.

Creo que la teoría de un solo vino contradice la buena naturaleza de Dios y Su creación. Al igual que la evidencia histórica y gramatical, la evidencia teológica apoya la teoría de los dos vinos, mucho mejor que la "paradoja" de un solo vino.

Se puede leer una última alegación teológica en casi todos los blogs cristianos dedicados al apoyo del consumo moderado de alcohol. El argumento popular es así. "El vino es un regalo de Dios para que lo disfruten sus hijos." Esto es basura teológica. Dios no crea cosas fermentadas o elaboradas. Estos procesos son guiados por el arte y la artesanía de las manos de los hombres. El historiador y experto en vinos seculares, Paul Lukacs, lo expresa de esta manera. "Ninguna historia del vino, tal como la conocemos, puede comenzar con su fermentación espontánea en un desierto inestable. En cambio, tiene que comenzar cuando los seres humanos interfirieron por primera vez con la naturaleza."[35] Dios creó las uvas. El jugo de uvas es un regalo de Dios. Los productos fabricados y manipulados por el hombre como el vino y la cerveza fermentados no son regalos de Dios. Son perversiones del regalo de Dios, así como el adulterio y la gula son perversiones del regalo de Dios del matrimonio y la comida.

Evidencia Medica

Los seguidores de la teoría de un solo vino a menudo argumentan que el agua dulce solía ser escasa en los tiempos antiguos, por lo que las

---

[35] Paul Lukacs, *Inventing Wine: A New History Of One Of The World's Most Ancient Pleasures* (New York: W. W. Norton & Company, Inc. 2012), 2.

personas solían mezclar un poco de vino en el agua contaminada para hacerla potable. Hay dos grandes problemas con este argumento. Primero, el agua potable no era tan escasa en los tiempos bíblicos como algunos han argumentado. Los manantiales naturales, los ríos, los lagos y los increíbles acueductos romanos estuvieron disponibles en el primer siglo. Es posible que las personas no hayan comprendido completamente los conceptos de los gérmenes y amebas en esa época, pero la práctica de hervir, filtrar y tratar el agua potencialmente peligrosa era bien conocida hasta por los antiguos egipcios.[36]

Segundo, agregar un poco de vino al agua no la hace potable. Este argumento no científico es frecuentemente utilizado por los bien intencionados eruditos y pastores que creen en la Biblia. He pasado días buscando en vano pruebas acreditadas que indiquen que las personas anteriores a la Edad Media mezclaron vino en su agua con el fin de que fuera seguro beberla. También es inútil buscar pruebas modernas y verificables de que el vino o el alcohol tienen la capacidad de tratar el agua potencialmente peligrosa para que sea seguro beberla. Esta narración falsa se puede encontrar escrita y enseñada en todos los círculos cristianos, pero no se ofrece absolutamente ninguna documentación o cita original.

---

[36] United States Environmental Protection Agency, "The History of Drinking Water Treatment," EPA, accedido el 28 de mayo, 2018, http://esa21. kennesaw.edu/modules/water/drink-water-trt/drink-water-trt-hist-epa.pdf.

Simplemente se asume porque el "Dr. Famoso" lo dijo o lo escribió.

El Centro Nacional de Información Biotecnológica ha estudiado la supervivencia de los enteropatógenos bacterianos en las bebidas alcohólicas. Ponen cuatro bacterias intestinales dañinas en el agua y congelan esta agua en cubitos de hielo. Los cubitos de hielo fueron depositados en múltiples bebidas alcohólicas. Los tres científicos informaron que "ninguno de los organismos se eliminó completamente como resultado de la congelación durante 24 horas, seguido de la fusión en cualquiera de las bebidas de prueba, incluso cuando la bebida era tequila a prueba de 86."[37]

Richard Teachout es el autor de *Jugo de Uva en la Biblia: ¡La Bendición de Dios para Su Pueblo!* Teachout le preguntó a un experto de la Safe Drinking Water Foundation en Canadá: "¿Qué porcentaje de alcohol debería agregarse para hacer que el agua no segura sea segura?" La autoridad se rió y dijo, "100%!"[38] La idea de que los antiguos agregaban una o dos partes de vino alcohólico (normalmente 5% o menos de alcohol en los tiempos de la Biblia) al agua para que fuera segura para beber es absurda y no científica. Aparentemente, este es una fábula contra la templanza que no puede ser comprobado por la documentación histórica o la verificación moderna de expertos, sino que continúa propagándose en muchas iglesias y seminarios.

---

[37] D. L. Dickens, H. L. DuPont, y P. C. Johnson, "Survival of bacterial enteropathogens in the ice of popular drinks," National Center for Biotechnology Information, accedido el 22 de Agosto, 2017, https://www.ncbi.nlm.nih.gov/pubmed/3889393. "Tequila a prueba de 86" se refiere a una bebida alcohólica que es 43% de alcohol. En los Estados Unidos, la prueba de alcohol se refiere al doble del porcentaje de alcohol en volumen en una bebida. Por lo tanto, el whisky 100 a prueba contiene 50% de alcohol por volumen.

[38] Richard Teachout, *Grape Juice in the Bible: God's Blessing for His People!* (Quebec Canada: Etude Biblique pour Aujourd'hui, 2011), 78.

Un beneficio médico del vino sin alcohol ya se señaló en el texto en 2 Samuel 16:2 (el jugo de fruta puede revivir a aquellos que se cansen). Un segundo beneficio médico de vino no alcohólico se establecerá más adelante cuando se examine 1 Timoteo 5:23 en detalle.

El único uso medicinal permitido para el vino *alcohólico* en la Biblia fue como anestésico antes de la muerte.[39] La anestesia antes de la muerte no era realmente una bebida refrescante, sino más bien una medicina fuerte y adormecedora. Este tipo de bebida fue llamada "sidra" en Proverbios 31:6, "Dad la sidra al desfallecido . . ." y "vinagre" en Mateo 27:33-34, "Y cuando llegaron a un lugar llamado Gólgota, que significa: Lugar de la Calavera, le dieron [a Jesús] a beber vinagre mezclado con hiel; pero después de haberlo probado, **no quiso beberlo**." Jesús rechazó este tipo de bebida alcohólica (Marcos 15:23), y usted también debería hacerlo.

---

[39] Parece que el buen samaritano usó el "vino" como antiséptico en Lucas 10:34. Sin embargo, el vino no es realmente un antiséptico efectivo. Hipócrates, el "Padre de la Medicina", enseñó que el vino podría usarse con fines medicinales, incluso como antiséptico. Jancis Robinson, *The Oxford Companion to Wine*, 3rd ed. (Oxford University Press, 2006), 433. Por siglos, la gente creyó en la teoría incorrecta de Hipócrates. Hoy se sabe que un antiséptico alcohólico efectivo debe ser 60-90% de alcohol. El vino alcohólico en tiempos bíblicos típicamente contenía alrededor del 5% de alcohol y no podía exceder el 20% porque aún no se practicaba la destilación del alcohol. En palabras de la Dra. Christine Princeton, la capacidad desinfectante de una solución con menos del 35% de alcohol es "prácticamente nula." (http://disastermedicine-christine.blogspot.com/2010/03/to-booze-or-not-to-booze-alcohol-as.html).

Es interesante observar que el contexto inmediato de Proverbios 31 prohíbe a los reyes y a sus hijos "beber vino" o "sidra." Los sacerdotes también tenían prohibido beber "vino" y "sidra" al servir al Señor (Levítico 10:9). En el Nuevo Testamento, los hijos de Dios son hechos reyes y sacerdotes cuando Jesús los lava con su sangre (Apocalipsis 1:6). Por lo tanto, **todos los santos del Nuevo Testamento son reyes y sacerdotes a los ojos de Dios.** Creo que los reyes y sacerdotes cristianos del Nuevo Testamento no deben beber vino alcohólico por las mismas razones ofrecidas en Proverbios 31 y Levítico 10.

El vino sin alcohol puede revivir a una persona que se desmaya y trata ciertas enfermedades menores. El vino alcohólico fue sugerido en la Biblia como anestésico en el lecho de muerte. Sin embargo, era un tabú para los reyes y sacerdotes y fue rechazado por Jesús durante su crucifixión (Marcos 15:23).

Entonces, ¿qué es el vino? **El vino es un término general para el líquido o jugo de la uva.** ¿Hay diferentes tipos de vino en la Biblia? La evidencia histórica, gramatical, teológica y médica es abrumadora. Hubo *ambos* vinos alcohólicos y no alcohólicos mencionados en todas las Escrituras. Solo el contexto puede revelar la distinción, no el término en sí mismo. La Palabra de Dios enseña que el vino sin alcohol es una bendición (Isaías 65:8; Jueces 9:13), y el vino alcohólico es una maldición (Proverbios 21:1; 23:29-35).

CAPÍTULO 2

TRES PASAJES DE LAS ESCRITURAS NO COMPRENDIDOS EN REFERENCIA AL VINO

Una comprensión profunda del material anterior debería ayudarle a aclarar muchos pasajes bíblicos confusos y controversiales. Este folleto examinará tres de las narraciones bíblicas mal interpretadas e incomprendidas sobre el vino.

¿Hizo Jesús Vino Alcohólico?

En el segundo capítulo de Juan, el discípulo amado describe el primer milagro del ministerio terrenal de Jesús. Él, María y los discípulos fueron invitados a una boda en Caná. Los anfitriones se quedaron sin vino. Jesús tomó seis grandes ollas de agua y milagrosamente transformó el agua en vino. Habiendo establecido que el vino en la Biblia es simplemente jugo de la uva, la pregunta real es "¿Jesús hizo vino alcohólico o vino sin alcohol (jugo de uva)?"

La naturaleza de Cristo apoya la posición de que este vino era jugo de uva. Patton pregunta,

"¿No es despectivo al carácter de Cristo y a las enseñanzas de la Biblia suponer que Él ejerció su poder milagroso para producir . . . vino cuya inspiración había denunciado como 'escarnecedor,' como 'serpiente morderá' y 'como áspid dará dolor, ' como 'Veneno de serpientes, ' 'ponzoña cruel de áspides, ' y que el Espíritu Santo había seleccionado como el emblema de la ira de Dios Todopoderoso? ¿Es probable que se lo haya dado a los invitados?"[40]

La respuesta retórica a la pregunta final de Patton es "En ninguna manera." Es, más bien, más en línea con la naturaleza y el carácter de Dios que él había creado y ofrecido "vino nuevo" que contiene una bendición (Isaías 65:8). Dado que en cualquier acto creativo de un tres veces Dios santo es "bueno" (en esencia perfecto, totalmente ausente de cualquier degradación), sería una violación de Su carácter crear cualquier cosa que ya estuviera degradada. Crear jugo de uva sin alcohol es mucho más característico de la naturaleza de Dios.

La naturaleza de la creación y los milagros apoyan la posición de que este vino era el jugo de uva. ¿Ya Dios no produce "milagrosamente" este mismo jugo no fermentado y sin alcohol en la uva para cada temporada en el racimo de la vid cuando está en la rama (Salmo 104:14-15)? Crear algo fermentado habría sido una ruptura en su hábito anual de transformar el agua de la tierra en el jugo que Él mismo crea en cada uva de cada vid en el mundo.[41] Crear vino fermentado hubiera sido inusualmente diferente a cualquiera de Sus otras creaciones o milagros.

---

[40] Patton, *Bible Wines*, 89-90.

[41] Richard Chenevix Trench, *Miracles of Our Lord* (London: D. Appleton and Company, 1846), 105.

La descripción del vino apoya la posición de que este era jugo de uva. El maestresala de la fiesta describió específicamente el vino que Jesús hizo como "buen vino." Una vez más, la Biblia describe el vino nuevo como una bendición, pero el vino alcohólico siempre se advierte o se presenta de manera negativa. El hecho de que el gobernante de la fiesta lo describiera como "buen vino" apoya mejor la posición que el vino que hizo Jesús era jugo de uva dulce. Este jugo de uva fue posiblemente el vino más dulce, más delicioso y hasta más fragante que la humanidad haya probado.

La cantidad de vino apoya la posición que este era jugo de uva. La embriaguez siempre se condena en las Escrituras y fue un comportamiento inaceptable en las multitudes religiosas y seculares del primer siglo. Un cántaro tenía unos 36 litros. ¡Jesús, por lo tanto, hizo entre 432 y 648 litros de vino (Juan 2:6)! De acuerdo con el discurso del maestresala en el versículo diez, las personas en la boda ya habían bebido mucho. Ofrecer cerca de quinientos litros de vino alcohólico a personas que ya habían bebido bastante solo habría alentado y promovido la embriaguez. Yo no acepto en ninguna

manera la sugerencia de que Jesús convirtió el agua en vino alcohólico. La naturaleza de Cristo, la naturaleza de la creación, la descripción del vino y la cantidad de vino creado apoyan la opinión de que este vino era dulce, sin fermentar, no intoxicante, "buen vino" o jugo de uva.

¿Jesús le Ordenó a los Cristianos a Beber Vino Alcohólico?

Los tres Evangelios sinópticos describen la cena de la Pascua que Jesús compartió con sus discípulos. Algunos proponentes de la opinión de un solo vino argumentarán que Jesús dio vino a sus discípulos durante esta comida, y como todo el vino en la Biblia contenía alcohol, debe ser aceptable que los cristianos beban alcohol con moderación. Este silogismo es erróneo en tres puntos. Primero, la Biblia ni siquiera dice que Jesús bebió u ofreció "vino" a sus discípulos durante la última cena. Segundo, este folleto ha demostrado sin lugar a dudas que el jugo de uva recién exprimido aparece en varios lugares de la Biblia y que el vino sin alcohol era común en los tiempos de la Biblia. Por lo tanto, la conclusión de que el consumo

moderado de alcohol es aceptable porque Jesús lo hizo también es una suposición falsa. La Biblia nunca dice que Jesús bebió alcohol.

Mucha gente asume erróneamente que la bebida de la Última Cena era vino fermentado. *El Código de Derecho Canónico y el Catecismo de la Iglesia Católica* exigen que los católicos romanos beban solo vino de uva fermentado en su celebración de la Eucaristía.[42] Ellos asumen que el vino fermentado es lo que Jesús dio a sus discípulos. Pero, ¿qué dicen realmente las Escrituras? **Los tres Evangelios sinópticos se refieren a la bebida de la comunión como "fruto de la vid"** (Mateo 26:29; Marcos 14:25; Lucas 22:18). Incluso las instrucciones de Pablo acerca de la Cena del Señor en 1 Corintios 11:17-34 condenan duramente la embriaguez y se refieren al segundo elemento de la comunión solo como la "copa del Señor" (11:27). ¡La palabra *vino* está completamente ausente de todos los cuentos y las enseñanzas acerca de la Cena del Señor! Jesús se refiere a la bebida como el fruto o producto de la vid de las uvas. Como experto en vinos, Lukacs, señalado anteriormente, expresó que el vino de uva fermentado es una "interferencia" de la naturaleza o un producto del hombre. El jugo de uva fresco y sin fermentar es un producto de la vid o en realidad un producto de la fabricación del Señor.

Las Escrituras evitan el término *vino* en todos los pasajes de la comunión. No solo se usa la frase más clara "fruto de la vid", sino que la Palabra de Dios y la tradición hebrea también prohíben la fermentación durante la semana de la Pascua. El mandato de Dios a su pueblo en Éxodo 12:15 es inconfundible y severo.

---

[42] Vatican, "Chapter III: The Proper Celebration Of Mass," Congregation for Divine Worship and the Discipline of the Sacrament, accedido el 22 de Agosto, 2017, http://www.vatican.va/roman_curia/congregations/ccdds/documents/rc_con_ccdds_doc_20040423_redemptionis-sacramentum_en.html#Chapter III.

"Siete días comeréis panes sin levadura; y así el primer día haréis que no haya levadura en vuestras casas; porque cualquiera que comiere leudado desde el primer día hasta el séptimo, será cortado de Israel." Toda la levadura debía ser removida de sus hogares durante la semana de la Pascua. ¡La consecuencia para la desobediencia era eterna! Se requiere alguna forma de levadura para fermentar el vino. **Beber vino fermentado durante la semana de la Pascua habría sido una violación directa del mandato de Dios en Éxodo.** Jesús nunca violó las leyes o los mandamientos de Dios (Mateo 5:17). Por lo tanto, tanto el pan como el jugo de uva ofrecidos por Cristo en la comunión no fueron fermentados y cumplieron con los mandamientos de Dios dados en el capítulo doce de Éxodo.

¿Le Ordenó Pablo a Timoteo que Bebiera Vino Alcohólico?

En la primera epístola del apóstol Pablo al pastor Timoteo, uno puede encontrar una serie de referencias al vino. Ya se ha establecido que el vino es un término general para el líquido o jugo de la uva, y que solo el contexto puede determinar si el vino es alcohólico o no alcohólico. Por lo tanto, es esencial estudiar referencias anteriores al vino en 1 Timoteo antes de abordar directamente las instrucciones de Pablo a su hijo en la fe en 1 Timoteo 5:23.

En el capítulo tres de 1 Timoteo, Pablo delinea las calificaciones necesarias de un obispo, un diácono y su esposa. Entre esas normas está el requisito que el pastor sea "no dado al vino" (1 Timoteo 3:3). La frase en español "dado al vino" proviene de una palabra compuesta en griego, *pároinos*. Esta palabra compuesta se compone de las dos palabras de raíz griega, *pará* y *oínos*. La palabra griega literalmente significa "por" o "sobre", y la palabra griega *oínos* ya se ha traducido como "vino" y se ha definido como "el líquido o jugo de la uva." El estándar literal aquí entonces es que los pastores deben ser personas "no por vino." El famoso comentarista, Albert Barnes, explica:

> La palabra griega (*pároinos*) aparece en el Nuevo Testamento solo aquí [1 Tim 3:3] y en Tito 1:7. Significa, propiamente, por *vino*; es decir, se habla de lo que ocurre *por* o *sobre* el vino . . . Entonces denota, como lo hace aquí, uno que se sienta junto al vino; es decir, quien tiene la costumbre de beberlo . . . Significa que uno que tenga el *hábito* de beber vino, o que esté acostumbrado a sentarse con aquellos que lo complacen, no debe ser admitido en el ministerio. La forma en que el apóstol menciona el tema aquí nos llevaría a suponer que no pretendía recomendar su uso en ningún sentido; que lo consideraba peligroso y que desearía que los ministros de religión lo evitaran por completo.[43]

Hay pocas dudas o debate de que Pablo se esté refiriendo al vino alcohólico en este caso. ¿Cómo podría estar refiriéndose a todo vino o vino sin alcohol cuando Jesús ordenó a sus discípulos que lo recordaran "haced esto todas las veces que la bebiereis" el "fruto de la vid" en cada servicio de comunión (1 Corintios 11:25)? Esta es una contradicción difícil para los defensores de un solo

---

[43] Albert Barnes, *Notes, Explanatory and Practical on the Epistles of Paul to the Thessalonians, to Timothy, to Titus and to Philemon* (New York: Harper & Brothers Publishers, 1873), 140.

vino, pero cuando uno comprende que Jesús ordenó el vino sin fermentar en la Cena del Señor y prohíbe a sus ministros estar cerca del vino fermentado, no hay confusión.

Confiando en que Pablo instruye a Timoteo y a otros líderes de la iglesia para que sean hombres que se abstengan tanto de la presencia como del consumo de vino alcohólico, uno puede pasar al capítulo cinco de la misma carta. En 1 Timoteo 5:23, Pablo escribió: "Ya no bebas agua, sino usa de un poco de vino por causa de tu estómago y de tus frecuentes enfermedades." Si uno mantiene la posición de la teoría de un vino, debe darse una explicación para evitar una contradicción entre los capítulos tres y cinco. La explicación más común es que Pablo está haciendo una excepción a la norma de abstinencia pastoral normal exclusivamente para Timoteo con fines medicinales.

Hay dos sugerencias comunes ofrecidas para apoyar esta teoría. Algunos sugieren que Timoteo no tenía fácil acceso a una buena agua potable y limpia por lo tanto, Pablo estaba sugiriendo que agregara un poco de vino alcohólico a su agua para que fuera potable. Esta idea insostenible fue desacreditada cuando se examinó la "Evidencia Médica" anteriormente. La segunda sugerencia común es que Timoteo pudo haber tenido gastritis o una úlcera de estómago.[44] Si esto fuera cierto, Pablo nunca hubiera sugerido agregar alcohol a su agua potable. La primera recomendación de los médicos a los pacientes con úlceras es dejar de fumar y beber alcohol.[45] El alcohol es lo peor que una persona puede beber si tiene

---

[44] John MacArthur, *The Superiority of Christ* (Chicago, IL: Moody Press, 1986), 137.

[45] WebMD, "What Is Peptic Ulcer Disease?" WebMD.com, accedido el 22 de Agosto, 2017, http://www.webmd.com/digestive-disorders/digestive-diseases-peptic-ulcer-disease#1.

problemas estomacales. La organización benéfica, basada en Reino Unido, que se llama Drinkaware, advierte: "En pocas palabras, el alcohol irrita su sistema digestivo. Beber, aunque sea un poco, hace que su estómago produzca más ácido de lo habitual, lo que a su vez puede causar gastritis (la inflamación del revestimiento del estómago). Esto desencadena dolor de estómago, vómitos, diarrea y en habituales bebedores, incluso sangrado."[46]

El hecho que Pablo, a través de la inspiración, le dijo a Timoteo que bebiera un poco de vino por su molestia del "estómago" es un apoyo poderoso para la proposición que el vino que estaba sugiriendo en el capítulo cinco era vino sin alcohol, jugo de uva. Esto eliminaría cualquier contradicción percibida al mandato en el capítulo tres y tiene mucho más sentido. El consejo médico para las personas con úlceras estomacales, infecciones del tracto urinario y/o reflujo ácido incluye todas las recomendaciones para beber, "jugos de frutas con bajo contenido de ácido, como jugo de manzana y jugo de uva. Beba mucha agua y evite las bebidas alcohólicas."[47] ¿No es razonable suponer que el Espíritu Santo omnisciente le daría el mismo consejo a Timoteo para sus problemas estomacales?

Sugerir que Pablo prohibió el vino alcohólico en 1 Timoteo 3:3 y luego recomendar el vino alcohólico en 1 Timoteo 5:23 sería una contradicción de las Escrituras (en el contexto inmediato), una contradicción de lógica profunda y una contradicción de la ciencia médica popular y probada. Entonces, una conclusión clara es

---

[46] Drinkaware, "Is Alcohol Harming Your Stomach?" Drinkaware.com, accessed August 22, 2017, https://www.drinkaware.co.uk/alcohol-facts/health-effects-of-alcohol/effects-on-the-body/is-alcohol-harming-your-stomach/.

[47] Robin Doyle, "What Can I Eat & Drink with a Peptic Ulcer?" Livestrong.com, accessed August 22, 2017, http://www.livestrong.com/article/340876-what-can-i-eat-drink-with-a-peptic-ulcer/.

que Pablo estaba reforzando el mandato de Dios de abstinencia del Antiguo Testamento para sus ministros y líderes en el capítulo tres,[48] y más tarde en la misma carta, él estaba recomendando que Timoteo agregara un poco de jugo de fruta poco ácido a su agua para mejorar su estómago.

Como una nota extra, algunos partidarios de la bebida moderada han tratado de argumentar que 1 Timoteo 3:8 implica que puede beber un "poco" alcohol y que está bien si no se emborracha. Pablo estaba enumerando las calificaciones para los diáconos en este verso cuando escribió: " Los diáconos asimismo deben ser honestos, sin doblez, no dados a mucho vino, no codiciosos de ganancias deshonestas." El argumento afirma que los diáconos y los cristianos en general no deben beber "mucho vino" sino que un poco de vino es aceptable. Este es un mal razonamiento. El hecho de que gran parte de algo esté expresamente prohibido no prueba ni implica que poco de eso sea admisible. Por ejemplo, Salomón le ordenó a su audiencia que evitara "mucho mal" en Eclesiastés 7:17. Nadie toma este mandato y argumenta que "mucho mal" es malo, pero un poco de maldad está bien.

La clave para entender 1 Timoteo 3:8 es la palabra "dado" (*proséjo* en griego) en español. Esta palabra tiene la idea de estar mentalmente obsesionado, cautivado o adicto a algo. **En verdad, los cristianos no deben ser "dados" a nada temporal!** No se les debe dar mucho vino, poco vino, café, Coca Cola o cualquier otra cosa. Pablo usó exactamente la misma palabra en Tito 1:14. Escribió: "No atendiendo [*proséjo*] a fábulas judías . . ." Sería ridículo argumentar a

---

[48] Dios demandó la abstinencia total de reyes y sacerdotes en el Antiguo Testamento, y creo que Él espera la abstinencia total de pastores, diáconos y todos los demás creyentes (reyes y sacerdotes del Nuevo Testamento) hoy en día.

partir de este pasaje que prestar atención a las fábulas o mentiras judías es malo, pero prestar atención a las fábulas y mentiras griegas es aceptable. Es tan inconsistente e inválido argumentar que 1 Timoteo 3:8 de alguna manera aprueba el consumo moderado de alcohol.

Argumentar que Dios prohíbe que estén "dados a mucho vino" pero que permite un *poco* vino en 1 Timoteo 3:8 es tan irrazonable como decir que el resto del versículo enseña que la codicia del dinero sucio es malo, pero la codicia del dinero limpio está bien. No, esto es mala lógica y mala exégesis. Ambos, "dados" a algo con moderación y exceso son incorrectos, al igual que "codiciosos" de algo legal o ilegal es incorrecto.

En resumen, un examen cuidadoso de Juan 2:1-11 apunta a la afirmación de que Jesús convirtió el agua en jugo de uva fresco "bueno" en la boda en Caná de Galilea. Una consideración de los relatos sinópticos de la cena de la Pascua y las pautas de Pablo sobre la Cena del Señor en 1 Corintios, enseñan que "el fruto de la vid" ofrecido en "la copa del Señor" durante la comunión era y debería ser un jugo de uva sin fermentar. Finalmente, el contexto y el mejor consejo médico de hoy en día respaldan la opinión de que Pablo estaba sugiriendo un poco de jugo de uva fresco en 1 Timoteo 5:23, en lugar de vino alcohólico. La siguiente sección de este libro proporcionará cinco principios bíblicos que exigen que los cristianos se abstengan del alcohol en todas sus formas.

CAPÍTULO 3

CINCO PRINCIPIOS BÍBLICOS QUE EXIGEN LA ABSTINENCIA DEL ALCOHOL

No Comparta con las Obras Infructuosas de las Tinieblas

Efesios 5:11 requiere: "Y no participéis en las obras infructuosas de las tinieblas, sino más bien reprendedlas." El primer y más clave ejemplo de una obra infructuosa de las tinieblas en el contexto de este mandamiento es: "No os embriaguéis con vino, en lo cual hay disolución . . ." (Efesios 5:18). Sin lugar a dudas, la embriaguez es un pecado y una obra infructuosa de las tinieblas. Sin embargo, beber alcohol es también un trabajo infructuoso de las tinieblas. La Liga Anti-Salón del siglo pasado insistió en que, "según una estimación conservadora, el 19% de los divorcios, el 25% de la pobreza, el 25% de la locura, el 37% de [ayuda social], el 45% de la deserción infantil y el 50% de todos los delitos en América estuvieron directamente atribuidos al consumo del alcohol."[49] Estas estadísticas reflejan los frutos del consumo del alcohol. **No todos estos delitos y costos fueron causados por la**

---

[49] Randy Jaeggli, *Christians and Alcohol*, Ubicación de Kindle 1610.

embriaguez, pero todos fueron causados por *el consumo del alcohol.* La Biblia también describe otros resultados de beber alcohol. Tomar alcohol lleva a,

> . . . embriaguez, desnudez (Génesis 9:21), e incesto (Génesis 19:32). Se describe como el veneno de las serpientes y la ponzoña de las áspides (Deuteronomio 32:33). El alcohol lleva al divorcio (Ester 1:10). Dios dijo que es consumido por los impíos (Salmo 75:8). Lleva a robar (Proverbios 4:17), a la pobreza (Proverbios 21:17), al ay, al dolor, a las rencillas, a las quejas, a las heridas en balde y al amoratado de los ojos (Proverbios 23:29). El alcohol es amargo a los que lo bebieren (Isaías 24:9). Causa que la flor caduque de la hermosura de su gloria (Isaías 28:1). Lleva a las personas a cometer errores de visión y tropiezo en el juicio, y los dirige de manera incorrecta (Isaías 28:7). El alcohol es una ilustración del furor de Dios (Jeremías 25:15). Lleva a la contaminación (Daniel 1:8). Puede alejar el corazón de un hombre de Dios con la fornicación (Oseas 4:11), y es una ilustración de la condena de Dios (Amós 2:8).[50]

Estos son los resultados de beber alcohol. La mayoría de los cristianos están de acuerdo en que no deben emborracharse, pero el mandato real es "no participéis" con la práctica impía de beber alcohol. Compañerismo significa compartir compañía o participar con algo. El testimonio de un cristiano está dañado, o se destruye a los ojos de los incrédulos, cuando se comunica y participa en el consumo de alcohol, incluso con moderación.

---

[50] Ben Sinclair, *Spiritual Growth Series* (Bamenda, Cameroon: Gospel Press, 2010), 88.

Daniel L. Akin afirma correctamente que "la moderación no es la cura para el problema del licor. La moderación es la causa del problema del licor. Convertirse en un alcohólico no comienza con la última bebida, siempre comienza con la primera. Solo déjelo en paz."[51] Los cristianos deben abstenerse de beber vino y alcohol porque Dios ordenó a sus hijos que "... no participéis en las obras infructuosas de las tinieblas, sino más bien reprendedlas."

No Haga Lugar para el Diablo

Un segundo principio bíblico que exige la abstinencia de beber alcohol se encuentra en Efesios 4:27 que dice: "ni deis lugar al diablo." Este mandato significa que no debemos permitirle a Satanás ningún espacio o hueco en nuestras vidas.

Los investigadores médicos dicen que a los pocos minutos de beber solo uno o dos vasos de vino alcohólico, los sentidos se apagan y el juicio de una persona para tomar decisiones rápidas y correctas se ve empañado. Las pruebas indican que la persona que bebe el vino no puede sentir las influencias del alcohol hasta el tercer vaso. Para entonces, la persona está completamente bajo la influencia del alcohol.

Innumerables personas han discutido, "bebo un poco, pero no lo suficiente como para emborracharme." Esta es la declaración de una persona engañada a sí misma (Proverbios 20:1), que admite haberle dado a Satanás algo de espacio o influencia en su vida. Esta persona está tratando de

---

[51] Daniel L. Akin, "The Emerging Church and Ethical Choices: The Corinthian Matrix," en *Evangelicals Engaging Emergent: A Discussion of the Emergent Church Movement*, ed. William D. Henard y Adam W. Greenway (Nashville, TN: B&H Publishing Group, 2009), 278.

decir: "Permito que Satanás tenga un *poco* de espacio en mi vida, pero no le permito que controle toda mi vida." Esto es una tontería, y contradice los mandatos de estar sometidos *completamente* y ser controlados *totalmente* al Espíritu Santo (Efesios 5:18b). A los cristianos se les ordena "no proveáis para los deseos de la carne." (Romanos 13:14).[52]

No Haga Tropezar a su Hermano

Un tercer principio bíblico que exige que los cristianos se abstengan de beber vino, cerveza o whisky con alcohol es la severa advertencia de no ofender o hacer que un hermano tropiece. Romanos 14:13 ordena: "Así que, ya no nos juzguemos más los unos a los otros, sino más bien decidid no poner tropiezo u ocasión de caer al hermano." Un obstáculo es *cualquier* cosa que hace que alguien tropiece y se caiga. El versículo se dirige directamente a los hermanos en Cristo (tanto a judíos como a gentiles). Los seguidores de Cristo nunca deben llevar a sus hermanos a pecar con su ejemplo, incluso si el hermano más maduro o informado no cree que la actividad sea pecado.

Charles Spurgeon, el famoso predicador bautista de Londres, fumaba puros y bebía vino en sus primeros años de vida y en su ministerio. El hecho de que los hombres famosos de Dios realicen una actividad particular no hace que esa actividad sea correcta o moral. La gente no sabía que fumar era peligroso para la salud en esos días, y Spurgeon aún no había aprendido del vino sin fermentar.[53] Fue el

---

[52] El énfasis en este verso fue hecho por el escritor.

[53] Después de que Spurgeon se uniera al movimiento de la templanza y se convirtiera públicamente en abstemio, exigió que su iglesia usara solo el "Vino sin fermentar de Frank Wright" en la

"principio del tropiezo" lo que guió a Spurgeon a dejar de fumar y beber.[54] Es posible que Spurgeon no haya creído originalmente que fumar o beber eran pecados personales para él. Sin embargo, cuando estaba mayor, que tenía hijos propios y sabía que muchas personas seguían su ejemplo, finalmente se convirtió en un partidario público y fuerte de la abstinencia total. Anunció desde su púlpito: "Si fortalece y alienta a una sola alma entre las 5,000 que están aquí, pondré [la cinta azul de la abstinencia]."[55] A medida que se intensificaba su convicción de abstinencia total, más tarde escribió: "**Junto a la predicación del Evangelio, lo más necesario que se debe hacer en Inglaterra es inducir a nuestra gente a convertirse en abstencionistas.**"[56] Aparentemente, predicar el Evangelio y predicar la abstinencia eran las dos principales prioridades de la predicación de Spurgeon. Esta es una opinión profunda, y revela cuán significativo, maligno e influyente es el pecado vinculante al alcoholismo.

El alcohol es un obstáculo para muchas personas salvas y no salvas. La Palabra de Dios ordena a los creyentes a que nunca sean un obstáculo para otros. El principio del tropiezo debe ser un mandato y una motivación suficiente para que todos los cristianos se comprometan con la abstinencia total. Pablo se tomó en serio su compromiso de nunca hacer tropezar a sus hermanos judíos. A pesar de que comer carne no era un pecado, estaba dispuesto a volverse vegetariano por el resto de su vida para evitar que los hermanos más débiles cometieran pecados contra su conciencia (1

---

comunión en el Metropolitan Tabernacle. Charles Spurgeon, *C. H. Spurgeon's Autobiography* (London: Passmore and Alabaster, 1900), 135.

[54] R. Kent Hughes, *Romans: Righteousness From Heaven* (Wheaton, IL: Crossway, 1991), 260-265.

[55] Lewis Drummond, *Spurgeon: Prince of Preachers* (Grand Rapids, MI: Kregel Publications,1992), 440.

[56] Ibid, 440.

Corintios 8:10-13). Los cristianos de hoy deberían estar dispuestos a hacer este mismo compromiso de abstinencia del alcohol debido a su amor por los demás. Los cristianos nunca deben beber alcohol en ninguna forma para que no se conviertan en un obstáculo para sus hermanos y hermanas.

Trate su Cuerpo como el Templo del Espíritu Santo

1 Corintios 6:19-20 hace y responde una pregunta muy importante dirigida a los cristianos. "¿O ignoráis que vuestro cuerpo es templo del Espíritu Santo, el cual está en vosotros, el cual tenéis de Dios, y que no sois vuestros? Porque habéis sido comprados por precio; glorificad, pues, a Dios en vuestro cuerpo y en vuestro espíritu, los cuales son de Dios." Según esta carta a la iglesia en Corinto, los cristianos solo deben comer y beber cosas que glorifiquen a Dios (1 Corintios 10:31). Un cristiano nunca debe comer o beber cosas intencionalmente que le causen daño o mal a su cuerpo.

El Espíritu Santo mora en el cuerpo de cada creyente. Dios llama al cuerpo de cada creyente su templo. Él exige que de todas las formas protejamos nuestros cuerpos de la contaminación. 1 Corintios 3:16-17 es aún más directo en su insistencia y advertencia. "¿No sabéis que sois templo de Dios, y que el Espíritu de Dios mora en vosotros? Si alguno destruyere el templo de Dios, Dios le destruirá a él; porque el templo de Dios, el cual sois vosotros, santo es." La Biblia es clara. La destrucción intencional de su cuerpo con sustancias o actividades dañinas lo llevará a la destrucción del mismo por la mano de Dios.

Los autores de "la estimación más completa de la carga mundial del consumo de alcohol hasta la fecha" consideraron 592 estudios que incluyeron 28 millones de personas de 195 países.[57] Este estudio masivo encontró que en 2016 el alcohol estaba asociado con 2.8 millones de muertes en todo el mundo.[58] "Entre la población de 15 a 49 años, el consumo de alcohol fue el principal factor de riesgo a nivel mundial."[59] Él dieciséis por ciento de las muertes en este mismo grupo de edad se atribuyeron al consumo de alcohol.[60]

Estudios previos e informes de salud han sugerido que un vaso ocasional de vino tinto alcohólico "puede" tener algunos beneficios para la salud del corazón. Este nuevo estudio afirma que esta sugerencia sigue siendo una pregunta abierta y es una propuesta estadísticamente insignificante. El informe concluye diciendo: "La visión generalizada de los beneficios del alcohol para la salud necesita una revisión, particularmente a medida que los métodos y análisis mejorados continúan mostrando cuánto consumo de alcohol contribuye a la muerte y a la discapacidad en el mundo. Nuestros resultados muestran que el nivel más seguro de consumo de alcohol es ninguno."[61] El estudio identificó 60 enfermedades agudas y crónicas directamente relacionadas con el consumo de alcohol.

---

[57] Robyn Burton y Nick Sheron, "No Level of Alcohol Consumption Improves Health," *The Lancet*, publicado en la red el 23 de agosto, 2018, accedido el 28 de agosto, 2018, https://www.thelancet.com/journals/lancet/article/PIIS0140-6736(18)31571-X/fulltext.

[58] Emmanuela Gakidou y Global Burden of Disease 2016 Alcohol Collaborators, "Alcohol Use and Burden for 195 Countries and Territories, 1990–2016: A Systematic Analysis for the Global Burden of Disease Study 2016," *The Lancet*, publicado en la red el 23 de agosto, 2018, accedido el 28 de agosto, 2018, https://www.thelancet.com/action/showPdf?pii=S0140-6736%2818%2931310-2.

[59] Ibid.

[60] Ibid. Esta estadística incluye enfermedades, accidentes de tráfico y suicidios.

[61] Ibid.

Un segundo estudio enorme sobre el daño de beber alcohol se publicó en 2018.[62] Más de 100 científicos y médicos rastrearon los hábitos de unos 600,000 bebedores de 19 países diferentes. Los resultados de este enorme estudio llevaron a las siguientes conclusiones. ¡Las personas que beben uno o más vasos de vino por día están reduciendo estadísticamente su esperanza de vida en 2 a 5 años o más![63] **No hay límites de consumo seguro.**

Incluso el consumo bajo de alcohol está relacionado con una esperanza de vida más corta. "El consumo de alcohol en cualquier nivel se asoció con un mayor riesgo de accidente cerebrovascular, insuficiencia cardíaca, enfermedad hipertensiva fatal (presión arterial alta) y aneurismas fatales."[64] El profesor Chico de medicina cardiovascular de la Universidad de Sheffield resumió el estudio masivo afirmando simplemente que cuando se consideran todas las pruebas, "no hay beneficios para la salud en el consumo de alcohol."

Recuerda, este libro ya ha señalado qué es el alcohol. Es el subproducto o excremento tóxico de las levaduras y otros microorganismos después de consumir los azúcares en el jugo de uva o algunos otros líquidos azucarados. **Dios simplemente llama veneno al alcohol** (Deuteronomio 32:33). Las

---

[62] Angela M. Wood y otros 120 médicos y científicos, "Risk Thresholds For Alcohol Consumption: Combined Analysis Of Individual-Participant Data For 599,912 Current Drinkers In 83 Prospective Studies," *The Lancet*, Volume 391, Number 10129: 1455-1548, accedido el 22 de abril, 2018, http://www.thelancet.com/journals/lancet/article/PIIS0140-6736(18)30134-X/fulltext.

[63] Alex Matthews-King, "Glass Of Wine A Day Could Shave Years Off Your Life Warns Study Calling For Global Reduction Of Alcoholic Limits," Independent.co.uk, accedido el 21 de abril, 2018, https://www.independent.co.uk/news/health/alcohol-death-drinking-life-expectancy-safe-limits-reduced-beer-wine-pint-glass-cambridge-a8301876.html.

[64] Ibid.

personas que sostienen que un vaso de vino tinto contiene antioxidantes, a menudo no se dan cuenta de que estos antioxidantes saludables para el corazón no provienen del alcohol, sino que provienen de las uvas que producen el vino. Los Dres. Bertelli y Das afirman que "los antioxidantes, incluidos el resveratrol, la catequina, la epicatequina y las proantocianidinas" provienen de las uvas, no del alcohol en el vino. Continúan explicando que "el resveratrol se encuentra principalmente en la piel de la uva, mientras que las proantocianidinas solo se encuentran en las semillas. Estudios recientes han demostrado que el resveratrol y la proantocianidinas son los principales compuestos presentes en las uvas y los vinos responsables de la cardioprotección."[65]

La conclusión final es la siguiente. Las uvas y el jugo de uvas sin alcohol tienen *muchos* beneficios comprobados para la salud. El alcohol tiene *cero* beneficio comprobado a largo plazo para la salud, pero sí *muchos* peligros, riesgos y daños comprobados. Lo mismo es cierto para el alcohol consumido en vino de uva, whisky, cerveza o cualquier otra bebida alcohólica.

Beber alcohol afecta cada parte de tu cuerpo. **El alcohol afecta el cerebro.** Al beberlo interfiere con las vías de comunicación del cerebro y puede afectar la forma en que este se ve y funciona. Estas interrupciones pueden cambiar el estado de ánimo y el comportamiento, y hacen que sea más difícil pensar con claridad y moverse con coordinación. **El alcohol afecta al corazón.** Al beberlo puede dañar el corazón, causando problemas que incluyen: cardiomiopatía (estiramiento y caída del músculo cardíaco), arritmias

---

[65] A. A. Bertelli y D. K. Das, " Grapes, Wines, Resveratrol, and Heart Health," National Center for Biotechnical Information, accedido el 22 de abril, 2018, https://www.ncbi.nlm.nih.gov/pubmed/19770673.

(latidos irregulares del corazón), apoplejía y presión arterial alta.

El alcohol afecta al hígado. El consumo excesivo de alcohol afecta el hígado y puede provocar una variedad de problemas e inflamaciones del hígado, como esteatosis, hepatitis alcohólica, fibrosis y cirrosis.

El alcohol afecta el páncreas. El alcohol hace que el páncreas produzca sustancias tóxicas que eventualmente pueden causar pancreatitis, una inflamación peligrosa e hinchazón de los vasos sanguíneos en el páncreas que impiden una digestión adecuada.

El alcohol afecta el sistema inmunológico del cuerpo. Al beberlo puede debilitar su sistema inmunológico, haciendo que su cuerpo sea un objetivo mucho más fácil para la enfermedad. Los bebedores regulares son más propensos a contraer enfermedades como la neumonía y la tuberculosis que las personas que no beben.

¡El alcohol afecta a todos los sistemas, órganos y células de todo el cuerpo! Beber demasiado alcohol puede aumentar su riesgo de desarrollar ciertos tipos de cáncer, incluidos los cánceres de la boca, el esófago, la garganta, el hígado y los senos.[66]

La investigación médica más reciente y completa revela que el consumo de alcohol reducirá la esperanza de vida y afectará negativamente su salud en muchos niveles. Los cristianos nunca deben beber alcohol

---

[66] Estos seis párrafos se adaptan directamente de una publicación producida por el Instituto Nacional de Abuso de Alcohol y Alcoholismo del gobierno de los Estados Unidos. El propósito declarado de esta organización es: "Comprender el impacto del alcohol en la salud y el bienestar humanos." National Institute on Alcohol Abuse and Alcoholism, "Alcohol's Effects on the Body," Niaaa.nih.gov, accedido el 23 de abril, 2018, https://www. niaaa.nih.gov/alcohol-health/alcohols-effects-body.

porque les acorta la vida y daña el templo del Espíritu Santo (el cuerpo).

Ser Sobrio

Los principios de "No Comparta con las Obras Infructuosas de la Tinieblas," "No Haga Lugar para el Diablo," "No Haga Tropezar a su Hermano" y "Trate su Cuerpo como el Templo del Espíritu Santo" deberían ser más que suficientes evidencias para convencer a cualquier hijo de Dios de ser un abstemio total de las bebidas alcohólicas en cualquier forma. Sin embargo, si esos principios no son suficientes, este quinto principio es irrefutable. Dios manda a todos sus seguidores a "¡Sea sobrio!"

Pablo escribe a todos los hijos de Dios en 1 Tesalonicenses 5:5-8 y ordena: "Porque todos vosotros sois hijos de luz e hijos del día; no somos de la noche ni de las tinieblas. Por tanto, no durmamos como los demás, sino velemos y seamos sobrios . . ." Note los contrastes duros hechos en estos versos. Hay hijos de la luz y del día, y hay hijos de la oscuridad y de la noche. No hay hijos de madrugada o del anochecer. Hay aquellos que "se embriagan" y los que están "sobrios." Así como no hay un término medio entre los hijos de la luz y de la oscuridad, en la Biblia no hay un espacio intermedio entre los sobrios y los borrachos. La Biblia no permite, "beber, pero no te emborraches." La Biblia no permite el consumo social o moderado. Dos veces en este pasaje, la Biblia ordena a " todos . . . [los] hijos de luz" que sean "sobrios."

No debe haber incertidumbre sobre el significado de la orden de estar "sobrio" (néfo en griego). Aquellos contra la templanza pueden intentar usar definiciones modernas contemporáneas, pero las referencias históricas de buena reputación no permiten incertidumbre. La Concordancia de Strong dice que "sobrio" (en 1 Tesalonicenses 5:6 y 8) significa "abstenerse del vino."[67] El diccionario de Vine define "sobrio" como, "significa estar libre de la influencia de productos embriagantes."[68] Samuele Bacchiocchi citó varias fuentes. El escribe,

> Hay una notable unanimidad entre los léxicos griegos sobre el significado primario de este verbo. Liddell y Scott dan como primer significado a *néfo*: "estar sobrio, no beber vino." En su *Léxico Griego Patrístico*, Lampe lo traduce como "sé templado, no bebas vino." . . . Donnegan define *néfo* como "vivir abstemiamente, abstenerse del vino;" Greene, "estar sobrio, no intoxicado;" Robinson, "ser sobrio, templado, abstinente, especialmente con respecto al vino," Abbott-Smith, "para ser sobrios, abstenerse de vino."[69]

En ninguna parte de la Biblia se permite el consumo social o moderado. En ninguna parte de la Biblia se permite algo entre la abstinencia y la embriaguez. Una persona que bebe una o dos copas de vino puede no estar borracha, pero de acuerdo con las Escrituras, *ya no está sobrio*.

Para aquellos que quieran argumentar que el mandato bíblico para la abstinencia total es mental o

---

[67] James Strong, "G3525: νήφω néphō," Blue Letter Bible, accedido el 22 de agosto, 2017, https://www.blueletterbible.org/lang/lexicon/lexicon. cfm?Strongs=G3525&t=KJV&ss=1.

[68] William Edwy Vine, "B-1 Verb Strong's Number: G3525," Blue Letter Bible, accedido el 22 de agosto, 2017, https://www.blueletterbible.org/ search/Dictionary/viewTopic.cfm?topic=VT0002682.

[69] Samuele Bacchiocchi, *Wine in the Bible* (Berrien Springs, MI: Biblical Perspectives, 2001), 170-171.

espiritual en lugar de físico, Pedro disipa este argumento al exigir la abstinencia total *tanto* en la mente como en el cuerpo en su primera epístola. "Por tanto, ceñid los lomos de vuestro entendimiento, sed sobrios, y esperad por completo en la gracia que se os traerá cuando Jesucristo sea manifestado" (1 Pedro 1:13). "Sed sobrios, y velad; porque vuestro adversario el diablo, como león rugiente, anda alrededor buscando a quien devorar" (1 Pedro 5:8). El diablo sabe que no puede "devorar" las almas eternas de los creyentes, por eso ataca a los cristianos en sus mentes y cuerpos. Los cristianos deben abstenerse del vino alcohólico para estar perfectamente sobrios en cuerpo *y* mente, y para poder, por la gracia de Dios, resistir los ataques sutiles pero devastadores del diablo.

CONCLUSIÓN

La controversia entre la abstinencia y el consumo moderado de alcohol continuará hasta que todos los creyentes beban jugo de uva dulce y nuevo junto con Jesús en el reino eterno de Dios (Marcos 14:25). Mientras tanto, siempre habrán algunos que beban de "la copa del Señor," y algunos que beban de "la copa de los demonios" (1 Corintios 10:21).

Este folleto no puede responder a todas las preguntas o malentendidos sobre el vino. Mi intención era presentar evidencia suficiente para convencer al lector de que hay dos tipos de vino en las Escrituras. Hay un vino (o jugo) bendecido, no alcohólico, y un vino maldito, venenoso, y alcohólico. Es mi deseo en oración que todos los que lean estas páginas lleguen a la firme conclusión de que Jesús no hizo vino alcohólico en la boda de Caná ni se lo ofreció a otros en la Cena del Señor. Pablo no recomendó que los cristianos bebieran vino social o moderadamente, y tampoco los cristianos deberían hacerlo hoy en día.

La conclusión del asunto es que **los cristianos deben abstenerse de beber alcohol** para evitar las obras infructuosas de las tinieblas, para no permitir que el demonio tenga lugar en sus vidas, para evitar que ellos y otros se caigan, para proteger y evitar que el templo de Dios sea contaminado y para obedecer el mandato crucial de Dios de "¡ser sobrios!" "El vino es escarnecedor, la sidra alborotadora, Y cualquiera que por ellos yerra no es sabio" (Proverbios 20:1).

¿ES USTED CRISTIANO?

Quiero agradecerle a usted por tomar el tiempo de leer este pequeño libro. Ha sido escrito para los cristianos. El título pregunta: "¿Deben Los Cristianos Beber Vino y Alcohol?" Espero que este estudio bíblico haya respondido esa pregunta para su satisfacción. Oro que si ya es un creyente que tiene la posición de abstinencia de las bebidas alcohólicas, este libro fortalezca su convicción y resolución. Si ha leído este libro buscando respuestas bíblicas de manera genuina, le ruego que también sea edificado y llegue a una posición firme de abstinencia. Si tiene amigos cristianos que creen que la bebida social, la bebida privada o la bebida moderada son prácticas buenas y aceptables, oro que pueda usar los principios bíblicos de este libro para convencer a sus amigos de los peligros, las trampas y el veneno del alcohol - incluso si se consume con moderación.

Esta última sección del libro está diseñada para confirmar que el lector es de hecho un cristiano y un hijo de Dios. Sería una terrible tragedia si leyera este libro y decidiera dejar de beber alcohol, pero en el día del juicio le arrojaran al lago de fuego porque nunca recibió a Cristo como su Salvador. Quiero que conozca y crea cuatro verdades bíblicas muy importantes antes de finalizar este libro.

1) Usted es un pecador. No digo esta primera verdad para ser malo ni cruel. Esta es una verdad absoluta que debe confesar si quiere ser un hijo de Dios. La Biblia dice: "*No hay justo, ni aun uno; . . . por cuanto todos pecaron, y están destituidos de la gloria de Dios*" (Romanos 3:10, 23).

¿Qué es el pecado? Según 1 Juan 3:4, el pecado es la infracción de las leyes de Dios. La mayoría de los eruditos bíblicos están de acuerdo en que hay más de 600 órdenes o leyes que se encuentran en los primeros cinco libros de la Biblia. Muchos han contado más de 1,000 mandatos en el Nuevo Testamento. ¿Ha guardado todas las leyes de Dios? ¿Puede siquiera nombrarlos? Nadie los ha guardado todos. Usted es un pecador. Los pecados de un incrédulo lo han separado de la próspera y bendita relación que Dios quiere tener con él (Isaías 59:2).

2) La pena por el pecado es la muerte. Esta verdad ha sido el caso a lo largo de la historia humana. Cuando Dios le dio a Adán las reglas originales en el Jardín del Edén, Dios le advirtió a Adán que si él pecaba y comía el fruto prohibido, *"ciertamente morirás"* (Génesis 2:17). El profeta Ezequiel del Antiguo Testamento confirmó que *"El alma que pecare, esa morirá"* (Ezequiel 18:20). En el Nuevo Testamento, Santiago escribió: *"y el pecado, siendo consumado, da a luz la muerte"* (Santiago 1:15). El apóstol Pablo también predicó: *" la paga del pecado es muerte"* (Romanos 6:23).

La pena por el pecado siempre ha sido la misma. Muchas iglesias y religiones de hoy en día han creado falsas doctrinas sobre el pecado y su castigo. Algunas iglesias afirman falsamente que el bautismo puede lavar el pecado. Algunas iglesias enseñan falsamente que por hacer buenas obras o mantener una lista de sacramentos hechos por el hombre puede ganar la gracia y reducir el tiempo en un estado ficticio llamado purgatorio. La Palabra de Dios no hace tales afirmaciones. La Biblia dice que todos los pecadores incrédulos se enfrentarán a la muerte en el lago de fuego para siempre. Este castigo eterno se llama *"la segunda muerte"* en Apocalipsis 21:8. La mala noticia es que usted es un pecador y que merece la muerte en el infierno: fuego para siempre. Sin embargo, la buena noticia es muy buena para usted.

3) Jesús pagó la pena por su pecado. Porque usted es un pecador y porque nunca podría salvarse a sí mismo, Jesús preparó un asombroso camino de salvación para usted y para todas las personas. La Biblia enseña que Dios le ama tanto; Él no quiere que muera en sus pecados y que vaya al infierno. Su gran amor envió a Jesús a este mundo para morir y salvarle a usted de la pena del pecado.

La Biblia enseña que Jesús puso su vida en la cruz para pagar la pena por el pecado. Fue sepultado, pero al tercer día resucitó de entre los muertos. Él probó que solo Él tiene poder sobre el pecado, la muerte y el infierno.

A pesar del hecho de que Jesús murió y resucitó por todas las personas, la Biblia revela que la mayoría de ellas no están en camino al cielo (Mateo 7:13-14). ¿Por qué? Porque la Biblia enseña que la salvación es una "*dádiva*" o un "*don*" (Romanos 6:23; Efesios 2:8-9). Esto es demasiado sorprendente para que mucha gente lo crea. Se les ha enseñado falsamente desde que eran niños que el cielo es un lugar por el cual trabajar y un lugar que requiere mucha justicia propia. De hecho, cuando les pregunto a las personas si están seguras de que algún día estarán en el cielo, la respuesta más común que escucho es "lo estoy intentando". La salvación y la vida eterna con Dios no es algo por lo que pueda trabajar o lograr. La salvación es un regalo gratuito que Dios le está ofreciendo hoy (1 Juan 5:13).

4) Dios quiere que sea salvo. La Biblia dice que Dios "*no queriendo que ninguno perezca, sino que todos procedan al arrepentimiento*" (2 Pedro 3:9). La Biblia también enseña que, "*he aquí ahora el tiempo aceptable; he aquí ahora el día de salvación*" (2 Corintios 6:2). ¿Cómo puede ser salvo? ¿Cómo puede ser cristiano? **¡Tiene que arrepentirse y recibir el regalo de salvación de Dios al poner su fe en el Señor Jesucristo!** Puede hacer esto ahora mismo. Jesús dijo: "El tiempo se ha cumplido, y el reino de Dios se ha acercado; arrepentíos, y creed en el evangelio" (Marcos 1:15). La palabra evangelio significa "buenas noticias."

Arrepentirse significa que uno tiene un cambio de mentalidad que le lleva a un cambio en la dirección de la vida. Es arrepentirse **al** Señor Jesús y **de** su vida de pecado y justicia propia hoy. Para convertirle a usted en cristiano, debe dejar de obrar y tratar de ganar la salvación y debe recibir el regalo de la vida eterna al poner su completa confianza en Jesús solo para salvarle de su pecado.

Romanos 10:9-10 explica claramente cómo puede llegar a ser cristiano hoy. "*que si confesares con tu boca que Jesús es el Señor, y creyeres en tu corazón que Dios le levantó de los muertos, serás salvo. Porque con el corazón se cree para justicia, pero con la boca se confiesa para salvación.*" ¿Le gustaría ser salvo hoy? ¿Está dispuesto a confesar las cuatro verdades anteriores? Usted es un pecador. El castigo por el pecado es la muerte. Jesús pagó el castigo por su pecado. **Arrepiéntase y crea en el Señor Jesús que murió y resucitó, ¡y Él le salvará hoy!**

Se ha dedicado mucho tiempo y esfuerzo a producir este pequeño libro. Valdría la pena toda la inversión solo por saber que confía en el Señor Jesús para su salvación. Si tiene alguna pregunta sobre este libro y su material, o si tiene más preguntas sobre la salvación y cómo convertirse en cristiano, comuníquese con nosotros. Si solo se arrepintiera y creyera en Cristo, nos encantaría saber de usted también. Nos gustaría ayudarle a usted en su nueva vida con Cristo. Tenemos materiales de discipulado disponibles para todos los interesados.

Por favor contáctenos

En Español:
LOS MINISTERIOS DE ANDANDO EN LA PALABRA
www.walkinginthewordministries.net

En Inglés:
Correo Electrónico: Cameroon4Christ@yahoo.com

BIBLIOGRAFIA

Aromi. "Guerzoni - Mosto Di Uva." Aromiwineandfood.com. Accedido el 22 de agosto, 2017. https://aromiwinteeandfood.com/product/guerzoni-mosto-di-u va-- grape-must.

BabyCenter: Expert Advice. "Alcohol and Breastfeeding." Babycenter.com, Accedido el 9 de junio, 2018. https://www.babycenter.com/0_alcohol-and-breastfeeding_3547.bc.

Bacchiocchi, Samuele. *Wine in the Bible*. Berrien Springs. MI: Biblical Perspectives, 2001.

Barnes, Albert. *Notes, Explanatory and Practical on the Epistles of Paul to the Thessalonians, to Timothy, to Titus and to Philemon*. New York: Harper & Brothers Publishers, 1873.

Bertelli, A. A. y D. K. Das. "Grapes, Wines, Resveratrol, and Heart Health." National Center for Biotechnical Information. Accedido el 22 de abril, 2018. https://www.ncbi.nlm.nih.gov/pubmed/19770673.

Battcock, Mike and Sue Azam-Ali. "Fermented Fruits and Vegtables: A Global Perspective." Food and Agriculture Organization of the United Nations. 1998. Accedido el 14 de mayo, 2018. http://www.fao.org/docrep/x0560e/x0560e09.htm.

Burton, Robyn and Nick Sheron. "No Level of Alcohol Consumption Improves Health." *The Lancet*. Publicado en Internet el 23 de agosto, 2018. Accedido el 28 de agosto, 2018. https://www.thelancet.com/journals/lancet/article/PIIS0140-6736(18)31571-X/fulltext.

Cato the Elder. *De Agri Cultura*. Translated and published in the Loeb Classical Library, 1934. http://penelope.uchicago.edu/Thayer/E/Roman/Texts/Cato/De_Agricultura/G*.html.

ChemicalSafetyFacts.org. "Ethanol." Accedido el 28 de mayo, 2018. https://www.chemicalsafetyfacts.org/ethanol/.

Dickens, D. L., H. L. DuPont, and P. C. Johnson. "Survival of Bacterial Enteropathogens in the Ice of Popular Drinks." National Center for Biotechnology Information. Accedido el 22 de agosto, 2017. https://www.ncbi.nlm.nih.gov/pubmed/3889393.

Doyle, Robin. "What Can I Eat & Drink with a Peptic Ulcer?" Livestrong.com. Accedido el 22 de agosto, 2017. http://www.livestrong.com/article/340876-what-can-i-eat-drink-with-a-peptic-ulcer/.

Drinkaware. "Is Alcohol Harming Your Stomach?" Drinkaware.com. Accedido el 22 de agosto, 2017. https://www.drinkaware.co.uk/alcohol-facts/health-effects--alcohol/effects-on-the-body/is-alcohol-harming-your-stomach/.

Driscoll, Mark. *The Radical Reformission: Reaching Out Without Selling Out*. Grand Rapids, MI: Zondervan, 2004.

Drummond, Lewis. *Spurgeon: Prince of Preachers*. Grand Rapids, MI: Kregel Publications,1992.

Ewing, Charles Wesley. *The Bible and Its Wines*. Indiana: National Prohibition Foundation, 1985.

Farlex Partner Medical Dictionary. "Inspissation." The Free Dictionary. Accedido el 22 de agosto, 2017. http://medical-dictionary.thefreedictionary.com/inspissation.

Farrar, Cannon. "Wine." in *Smith's Bible Dictionary*. ed. William Smith. Grand Rapids, MI: A.J. Holman, 1884.

Gakidou, Emmanuela and Global Burden of Disease 2016 Alcohol Collaborators. "Alcohol Use and Burden for 195 Countries and Territories, 1990–2016: A Systematic Analysis for the Global Burden of Disease Study 2016." *The Lancet*. Publicado en Internet el 23 de agosto, 2018. Accedido el 28 de agosto, 2018. https://www.thelancet.com/action/showPdf?pii=S0140-6736%2818%2931310-2.

Google. "Liquor." Google Dictionary. Accedido el 22 de agosto, 2017. https://www.google.com/search?q=liquor+definition&oq=liquor+definition&aqs=chrom   e.0.69i59j0l5.4590j0j7&sourceid=chrome&ie=UTF-8.

_____. "Wine." Google Dictionary. Accedido el 22 de agosto, 2017. https://www.google.com/search?q=wine+definition&oq=wine+definition&aqs=chrome..69i57j0l5.2311j0j7&sourceid=chrome&ie=UTF-8.

Hamilton, Frank. *Extracts by Frank Hamilton from The Bible Wine by the late Ferrar Fenton*. London: A. & C. Black, Ltd. 1938.

Henard, William D. y Adam W. Greenway. *Evangelicals Engaging Emergent: A Discussion of the Emergent Church Movement*. Nashville, TN: B&H Publishing Group, 2009.

Hirsch, Emil G. y Judah David Eisenstein. "Wine." JewishEncyclopedia.com.

Accedido el 22 de agosto, 2017. ttp://jewishencyclopedia.com/articles/14941-wine.

Hughes, R. Kent. *Romans: Righteousness From Heaven.* Wheaton, IL: Crossway, 1991.

Ironside, H. A. *1 and 2 Timothy, Titus, and Philemon.* Grand Rapids, MI: Kregel, 2008.

Jaeggli, Randy. *Christians and Alcohol: A Scriptural Case for Abstinence.* Greenville, SC: Bob Jones University Press, 2014.

Kent, Homer Jr. *The Pastoral Epistles.* Winona Lake, IN: BMH Books, 1995.

Kulp, Joshua. "Terumot, Chapter Two, Mishnah Six." SHIURIM. Accedido el 22 de agosto, 2017. http://learn.conservativeyeshiva.org/terumot-chapter-two-mishnah-six/.

Lees, Frederic Richard y Dawson Burns. *The Temperance Bible-Commentary.* London: S. W. Partridge, 1868.

Lukacas, Paul. *Inventing Wine: A New History Of One Of The World's Most Ancient Pleasures.* New York: W. W. Norton & Company, Inc. 2012.

MacArthur, John. *The Superiority of Christ.* Chicago, IL: Moody Press, 1986.

Malconson, Keith. *Sober Saints: Should Christians Drink Alcohol?* n/a: Heaven Sent Revival Publishing, 2013.

Matthews-King, Alex. "Glass Of Wine A Day Could Shave Years Off Your Life Warns Study Calling For Global Reduction Of Alcoholic Limits." Independent.co.uk. Accedido el 21 de abril, 2018. https://www.independent.co.uk/news/health/alcohol-death-drinking-life-expectancy-safe-limits-reduced-beer-wine-pint-glass-cambridge-a8301876.html.

McGee, J. Vernon. *First and Second Timothy/Titus/Philemon.* Nashville, TN: Thomas Nelson Inc., 1991.

Mfunywi, Eugine. Interview por Ben David Sinclair. Bambili, Cameroon. 7 de junio, 2018.

Moi University. Course Notes, PS 2843 "Bible-Wines." Course Hero. Accedido el 22 de agosto, 2017. https://www.coursehero.com/file/p3p88f6/The-art-of-distillation-was-then-unknown-it-was-not-discovered-till-the-ninth/.

National Institute on Alcohol Abuse and Alcoholism. "Alcohol's Effects on the Body." NIAAA.nih.gov. Accedido el 23 de abril, 2018. https://www.niaaa.nih.gov/alcohol-health/alcohols-effects-body.

Patton, William. *Bible Wines*. New York: National Temperance Society, 1874.

Philips, Edward. "The New World of English Words." Internet Archive. Accessed August 22, 2017. https://archive.org/stream/The_New_World_of_English_ Words_Or_A_General_Dictionary#page/n707/mode/2up/search/wine.

Phillips, John. *Exploring the Pastoral Epistles*. Grand Rapids, MI: Kregel, 2004. Reinagel, Monica. "Myths about Sulfites and Wine." Scientific American. July 15,2017. Accedido el 28 de mayo, 2018. https://www.scientificamerican.com/article/myths-about-sulfites-and-wine/.

Robinson, Jancis. *The Oxford Companion to Wine*. 3rd ed. Oxford University Press, 2006.

Simpson, John. "The First Dictionaries of English." Oxford English Dictionary. http://public.oed.com/aspects-of-english/english-in-time/the-first-dictionaries-of-english/. Accedido el 22 de agosto, 2017.

Sinclair, Ben. *Spiritual Growth Series*. Bamenda, Cameroon: Gospel Press, 2010.

Spurgeon, Charles. *C. H. Spurgeon's Autobiography*. London: Passmore and Alabaster, 1900.

Strong, James. "G3525: νήφω nḗphō." Blue Letter Bible. Accedido el 22 de agosto, 2017. https://www.blueletterbible.org/lang/lexicon/ lexicon.cfm?Strongs=G3525&t=KJV&ss=1.

Teachout, Richard. *Grape Juice in the Bible: God's Blessing for His People!* Quebec Canada: Etude Biblique pour Aujourd'hui, 2011.

Trench, Richard Chenevix. *Miracles of Our Lord*. London: D. Appleton and Company.

Ukpaka, Chukwuemeka Peter. "Studying Fermentation Characteristics of Some Palm Wine Obtained in Niger Delta Area of Nigeria." *International Journal of Novel Research in Engineering & Pharmaceutical Sciences*. Volume 1, Issue 2 (Spring 2014): 1.

United States Environmental Protection Agency. "The History of Drinking Water Treatment." EPA. Accedido el 28 de mayo, 2018. http://esa21.kennesaw.edu/modules/water/drink-water-trt/ drink-water-trt-hist-epa.pdf.

Vatican. "Chapter III: The Proper Celebration Of Mass." Congregation for Divine Worship and the Discipline of the Sacrament. Accedido el 22 de agosto, 2017. http://www.vatican.va/roman_curia/congregations/ccdds/documents/rc_c on_ccdds_doc_20040423_redemptionis-sacramentum_en.html#Chapter III.

Vine, William Edwy. "B-1 Verb Strong's Number: G3525." Blue Letter Bible. Accedido el 22 de agosto, 2017. https://www.blueletterbible.org/search/Dictionary/viewTopic.cfm?topic=VT0002682.

Watson, D. F. "Wine." in *Dictionary of Jesus and the Gospels: A Compendium of Contemporary Biblical Scholarship.* ed. Joel B. Green and Scot McKnight. Downers Grove, IL: InterVarsity Press, 1992.

WebMD. "Fainting Treatment." Webmd.com. Accedido el 22 de agosto, 2017. http://www.webmd.com/first-aid/fainting-treatment.

_____. "The Buzz about Grape Juice." WebMD.com. Accedido el 22 de agosto, 2017. http://www.webmd.com/food-recipes/features/buzz-about-grape-juice#1.

_____. "What Is Peptic Ulcer Disease?" WebMD.com. Accedido el 22 de agosto, 2017. http://www.webmd.com/digestivedisorders/digestive-diseases-peptic-ulcer-disease#1.

Welch's. "Our History." Welchs.com. Accedido el 22 de agosto, 2017. http://www.welchs.com/about-us/our-story/our-history.

Whittington, Brad. *What Would Jesus Drink?* Austin, Texas: Wunderfool Press, 2011.

Wood, Angela M. & About 120 Other Doctors and Scientist. "Risk Thresholds For Alcohol Consumption: Combined Analysis Of Individual-Participant Data For 599,912 Current Drinkers In 83 Prospective Studies." *The Lancet*, Volume 391, Number 10129: 1455- 1548. Accedido el 22 de ab, 2018. http://www.thelancet.com/journals/lancet/article/PIIS0140-6736(18)30134-X/fulltext.

www.ingramcontent.com/pod-product-compliance
Lightning Source LLC
Chambersburg PA
CBHW060706030426
42337CB00017B/2779